辽宁省教育厅重点资助项目(LJ212410153020)

智能运载装备行驶速度预测方法研究

黄明霞 刘 阳 纪 雄 著

人民交通出版社
北京

内 容 提 要

本书作为辽宁省教育厅重点资助项目(LJ212410153020)成果，在以往交通速度预测方法研究的基础之上，引入深度神经网络模型，聚焦于全新的 GCNATF 模型开展交通速度预测探究，能更精准地捕捉交通流复杂特征，为城市交通规划、智能交通系统优化提供有力支撑。

本书可供交通领域的相关研究人员参考使用。

图书在版编目(CIP)数据

智能运载装备行驶速度预测方法研究/黄明霞,刘阳,纪雄著. —北京:人民交通出版社股份有限公司，2025.5. —ISBN 978-7-114-20320-6

Ⅰ. U495

中国国家版本馆 CIP 数据核字第 20255L43U5 号

Zhineng Yunzai Zhuangbei Xingshi Sudu Yuce Fangfa Yanjiu

书　　名：	智能运载装备行驶速度预测方法研究
著 作 者：	黄明霞　刘　阳　纪　雄
责任编辑：	李　良
责任校对：	赵媛媛
责任印制：	张　凯
出版发行：	人民交通出版社
地　　址：	(100011)北京市朝阳区安定门外外馆斜街 3 号
网　　址：	http://www.ccpcl.com.cn
销售电话：	(010)85285911
总 经 销：	人民交通出版社发行部
经　　销：	各地新华书店
印　　刷：	北京科印技术咨询服务有限公司数码印刷分部
开　　本：	720×960　1/16
印　　张：	5.5
字　　数：	78 千
版　　次：	2025 年 5 月　第 1 版
印　　次：	2025 年 5 月　第 1 次印刷
书　　号：	ISBN 978-7-114-20320-6
定　　价：	89.00 元

(有印刷、装订质量问题的图书，由本社负责调换)

前言
PREFACE

随着城市化进程的不断加快与科技的飞速发展,智能交通系统成为现代城市运转的关键支撑。当下,交通拥堵、资源分配不均等问题越发凸显,如何精准调配交通资源、优化出行效率,已然成为亟待攻克的难题之一。

本书聚焦于智能运载装备的交通速度预测领域,对其展开深入研究。

(1) 剖析交通速度预测在智能交通体系里的核心地位,通过宏观交通管控与微观交通诱导的协同,力求实现交通供需平衡。

(2) 从预测准备和模型搭建两方面进行分析。①针对交通速度数据里的异常缺失状况,运用拉格朗日插值法填补少量缺失值,同时创新性地提出改进的平均值法处理大量连续缺失数据,深入开展交通速度特征剖析,涵盖时空特征及外源因素影响探究;②鉴于传统研究将现实路网简化为欧式结构网格,破坏原始结构的弊端,基于图理论把现实路网构建为图结构,最大限度保留真实特性并简化连接关系,并在设计中直接嵌入速度特征向量的方法,助力图神经网络精准抓取序列数据特征,提升预测精度;③以时空融合预测视角,提出全新的考虑时空特性的神经网络模型GCNATF,一方面把注意力系数矩阵融入图卷积神经网络邻接矩阵,动态捕捉路网空间特征,另一方面结合线性自注意力机制的Transformer Encoder结构,高效提取速度序列时间特征,借由时空架构实现对未来速度的精准预测。

(3)依托真实数据集开展大量对比实验与消融实验,有力证实所提 GCNATF 模型在预测精度、预测周期以及预测时间成本三大维度均展现出卓越性能。

本书由黄明霞、刘阳、纪雄共同撰写。

在撰写进程中,作者广泛参阅众多专家、学者的前沿理论与实践硕果,在此深表感谢。

囿于作者水平所限,加之成书时间短促,书中或存谬误与瑕疵,敬请各位读者不吝赐教、批评指正。

著 者

2025 年 2 月

目录 CONTENTS

第一章 绪论 ·········· 1
  第一节 研究背景与研究意义 ·········· 1
  第二节 国内外研究现状 ·········· 3
  第三节 主要研究内容 ·········· 9

第二章 交通预测相关技术理论 ·········· 11
  第一节 交通数据分析 ·········· 11
  第二节 交通网络的时间依赖性 ·········· 14
  第三节 交通网络的空间依赖性 ·········· 20
  第四节 模型评价方法设计 ·········· 24

第三章 交通路网建模与速度特征分析 ·········· 27
  第一节 交通速度数据集 ·········· 27
  第二节 交通路网建模 ·········· 30
  第三节 交通速度特征分析 ·········· 32

第四章 基于图卷积网络的交通速度预测模型 ·········· 41
  第一节 问题定义 ·········· 41
  第二节 模型框架 ·········· 42
  第三节 融合注意力机制的图卷积网络 ·········· 44
  第四节 简化 Transformer 结构 ·········· 48

第五章　实验与结果分析 ·· 54
　　第一节　实验设置 ·· 54
　　第二节　对比实验与结果分析 ······································ 58
　　第三节　消融实验与结果分析 ······································ 68
参考文献 ·· 73

第一章 绪论

第一节 研究背景与研究意义

交通作为区域发展的主要动力之一,在城市发展中扮演着至关重要的角色。它不仅对城市经济的发展十分重要,还直接关系城市居民的日常生活和出行。然而,随着经济不断蓬勃发展和机动车保有量持续增加,交通拥堵问题日益严重。根据高德地图 2023 年的年度交通总结显示,全国 50 个主要城市中,仅有 2% 的城市路网高峰行程延时指数呈下降趋势,14% 的城市路网高峰行程延时指数没有明显变化,却有高达 84% 的城市出现了拥堵程度上升的情况,这表明大多数城市的交通状况在短期内并未得到有效改善,反而呈现恶化趋势,这凸显了交通拥堵问题的紧迫性和严重性。全国 50 个主要城市中,拥堵程度同比涨幅最高的前十个城市如图 1-1 所示。

交通系统作为城市的骨架,为数百万人的日常通勤和出行提供支持。根据交通运输部数据,交通拥堵每年造成的经济损失约为 400 亿美元,严重影响了经济的发展。目前治理交通拥堵的措施主要有增建道路基础设施、出台车辆管制政策等。但是一方面道路基础设施建设速度远低于机动车保有量的增加速度;另一方面道路基础设施建设需要耗费大量资源,因此增设道路不能从源头上解决交通拥堵问题。而政府出台车辆管制政策可以通过对车辆需求的控制实现对道路资源的合理分配和充分利用,很大程度缓解了交通拥堵问题,但制订合理有效的交通管制措施的前提是可以提前预知未来一段时间的城市路网状况,因此越来越多的学者针对未来交通信息预测展开了研究。

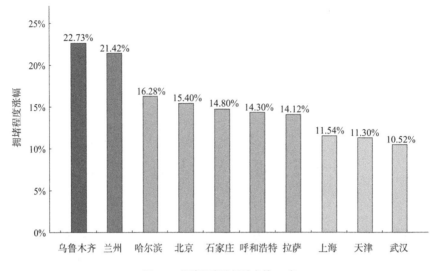

图1-1　拥堵程度涨幅城市前10名

随着相关技术的发展,集成了深度学习、智能感知和信息通信等多种先进技术的智能交通系统(Intelligent Transportation System,ITS)为现代交通管理控制提供了有力的决策支持。ITS旨在利用现代化技术为人—车—路建立智能联系,通过这种联系,道路交通运行状态等信息可以被实时地共享。作为一种集实时信息收集、处理与应用于一体的系统,ITS通过解决交通拥堵、提升驾驶安全以及改善环境污染,为用户提供了更安全、更协调的交通运输网络。近年来,人工智能的广泛应用推动了智能交通系统的进一步发展,交通预测作为智能交通系统中智能信控和自动导航等功能的前提,是当前ITS领域的研究热点和重要任务。

交通预测的目标是在对历史交通参数(如交通速度、交通流量、排队长度及车道占有率)进行观测的基础上估计交通网络未来的交通状况。在常见的交通参数中,交通速度、交通流量以及道路占有率都可以反映交通运行的状况,因此,目前的交通预测也都围绕这几个参数展开研究,以提供给出行者和管理者精确的预测信息,进而实现合理有效的交通管理控制。

在上述交通参数中,交通流量仅表示通过某一区段或路段的车辆数量,不能完全直接地反映实际交通状况,而道路占有率数据在收集过程存在较大的误差,相较之下交通速度既具有较高的收集精度又可以直接反映出当前道路通行能力和车辆拥堵情况,如果车辆的速度明显降低,说明道路通行能力已经达到或接近饱和状态,交通拥堵问题比较严重。因此,选择交通速度参数来进行交通预测能够更加精确合理地反映出当前道路运行状态。而提前预知下一阶段的道路运行状态一方面可以帮助出行者做出合理的出行决策,使其避开已存在拥堵的路段或者调整计划出行时间来缓解道路交通拥堵;另一方面可以让交通管理者利用预测信息来采取制定交通管理政策、优化交通信号灯设置等措施增强城市交通流动性,改善道路资源分布不均的情况,所以及时准确的交通速度预测具有重要的研究意义。

第二节 国内外研究现状

交通预测问题作为 ITS 的研究重点,已经吸引了国内外大量学者对其开展研究。迄今为止,主要预测方法可以分为传统统计分析预测模型、非线性理论预测模型、机器学习预测模型和时空组合预测模型。

一、传统统计分析预测模型

传统的统计分析预测模型主要包括历史平均模型、时间序列模型和回归分析预测方法。

(1)历史平均模型是将获取到的历史数据进行全时段平均,直接将平均值作为预测结果,对于数据的变化趋势和周期性变化无法进行有效捕捉。因此,历史平均模型计算简单,但预测精度较低,同时容易受到数据异常值的影响。

(2)时间序列模型则利用时间序列数据的特征进行预测,属于参数模型的一种,但对于非线性关系的数据表现较差。目前应用得比较多的时间序列预测模型为自回归求和滑动平均(Autoregressive Integrated Moving Average,ARIMA)模型。

Ahmed 等首次将 ARIMA 模型用于交通领域的流量预测问题。随着研究的推进，ARIMA 模型的各种变体开始出现在交通预测领域。Ding 等提出了一种时空自回归综合移动平均（STARIMA）模型来预测城市交通流量。该方法结合了历史交通数据和道路网络的空间特征。实验结果表明，与传统 ARIMA 模型相比，STARIMA 模型具有更高的预测精度。Billy 等提出了一种改进的 ARIMA 模型用来学习交通流的周期性变化规律。王晓全等人关注到 ARIMA 模型在学习交通流非线性特征时的局限性，将广义自回归条件异方差-均值模型与传统 ARIMA 模型结合起来，达到了更好的预测效果。

回归分析预测方法是通过建立一个数学模型来描述输入特征和输出目标之间的关系，然后利用这个数学模型对新的输入数据进行预测。由于其适用于发掘不同因素之间的影响关系，常用于对多条路段进行回归分析预测，但对于非线性关系的数据表现欠佳。

卡尔曼滤波模型能够处理动态系统的状态估计问题，可以同时适用于平稳数据和非平稳数据的处理，但对于复杂系统则需要较强的先验知识和模型假设。杨兆升等提出了基于卡尔曼滤波的预测模型，将检测器收集到的车流量数据作为模型输入，对未来时刻交通量进行预测。杨高飞等设计了一种将自回归滑动平均模型和卡尔曼滤波模型通过预测误差大小组合起来的短时交通量预测方法，实验证明该组合模型预测结果优于单个模型预测结果。周晓等考虑速度数据的临近相关性，将目标预测路段上下游的数据同时作为卡尔曼滤波模型的输入来实现对未来车速的预测，实验结果表明该方法可以有效提高预测精度。

综上所述，传统统计分析模型原理易懂，计算简单，但有些模型太过依赖于未来数据与历史数据具有相同特点的假设，因此具有一定的局限性。

二、非线性理论预测模型

非线性预测方法已经在交通领域中得到广泛应用，其基础理论包括混沌理论、自组织理论以及协同论等非线性系统理论。这些方法利用相空间重构技术等手段建立预测模型，通过对系统非线性特征的捕捉和分析来实现更精确的预测结果。

在交通预测领域,常见的非线性预测方法包括基于混沌理论的模型和基于小波分析的模型,它们能够更好地处理交通系统中的复杂动态变化和非线性关系。

混沌现象指的是在某个确定性系统中出现的看似随机的运动。而在交通领域,交通系统被视为一个有人群参与、开放的复杂巨系统,其中涉及各种交通参与者的行为和决策,这种复杂的系统结构和动态特性使得交通系统具有了不确定性和非线性的特点。Attoor 等通过研究分析证实了交通数据的混沌性。臧利林等立足于混沌理论,提出了一种改进的流量预测模型,通过利用青岛市数据进行实验,证实了该方法能有效预测交通流量,同时具有较强的鲁棒性和自适应性。

小波分析是一种常用于非平稳时间序列的分析和预测方法,通过分解数据并检测不同时间尺度上的数据特征,可以更好地捕捉和描述数据的非平稳性特点,从而提高预测的准确性和可靠性。在交通预测领域,小波分析得到广泛应用,它可以帮助分析交通数据中的复杂变化模式和趋势,为交通流量、拥堵情况等方面的预测提供更精准的工具和方法。李存军等提出了一种利用小波分析和离散卡尔曼滤波进行交通预测的方法,实验结果证明该方法进一步减小了预测的误差。张阳等首先利用一种改进的小波分析算法对交通流数据进行了多尺度的分解和重构,并将重构后的数据输入长短时记忆网络模型进行交通流量预测,实验结果证明该方法可以更好地捕捉交通流时间序列中的多尺度特征,且其预测准确率优于经典长短时记忆网络模型。

非线性理论模型具有较强的非线性拟合能力,也能处理突发状况,因此在预测精度上强于基于统计理论的模型,但非线性理论模型计算复杂。

三、机器学习预测模型

随着人工智能的发展,机器学习也越来越多地被应用于交通参数预测。神经网络算法作为一类重要的机器学习分支,具有多层表征的学习方法,通过模拟人类神经元,利用大量现有数据集训练模型,不断调整训练参数,最终得到"黑匣子"模型。

1994 年,Smith 等首次运用神经网络模型进行交通流预测,得益于神经网络强大的非线性拟合和提取信息内在特征的能力,神经网络模型得到了比传统统计模型和非线性理论模型更好的预测结果,表现出巨大的发展潜力。之后由于道路传感器、车辆全球定位系统(GPS)等设备的普及,可收集的实时交通数据量飞速增加,进一步推动了机器学习中基于数据驱动方法的发展,为交通预测带来了更有前景的研究工具。Castro 等基于支持向量机(Support Vector Machine, SVR)构建了交通流预测模型,完成了高速公路不同状态下的交通流预测。樊娜等针对交通流的周期性和随机性特点,提出一种基于 BP(反向传播)神经网络与非参数回归的组合模型,并通过模糊控制算法确定单个模型的权重。张文胜等人利用改进灰狼算法优化 BP 神经网络来对道路交通量进行预测,结果证明该方法可以进一步提高预测精度。

交通预测本质上属于特殊的时间序列预测问题,因此多位研究人员开始将机器学习领域的时间序列预测模型应用于交通预测领域。长短时记忆网络(Long Short-Term Memory, LSTM)作为循环神经网络(Recurrent Neural Network, RNN)的典型代表,其网络结构中的记忆单元和门控机制使其在捕捉时间序列数据中长期依赖关系方面具有优势。在交通预测领域,LSTM 被广泛用于捕捉交通流的时间演变特征,提高预测模型对于交通流量、拥堵情况等交通状态的理解和预测能力,Ma 等首次将其应用于道路交通速度和交通量预测。Zhao 等将 LSTM 用于交通流预测,并将他们提出的 LSTM 网络与其他方法进行了比较,实验结果表明,LSTM 网络的性能优于其他方法,在处理长时间序列问题时优于 RNN。Bharti 等人提出一种结合粒子群算法和 Bi-LSTM 网络的交通流预测方法,通过采用粒子群算法在全局范围内搜索 Bi-LSTM 网络的最佳参数,并采用非线性可变权重代替线性权重,实验证明该方法具有收敛速度快、鲁棒性强等优点。综合研究状况来看,LSTM 在不考虑空间建模的交通流预测研究中发挥了举足轻重的作用,针对 LSTM 网络的各种优化模型和变体被不断提出,如 Bi-LSTM、GRU 等,在时间序列预测上都取得了不错的效果。

纵观机器学习预测模型在交通领域的研究发现,这些模型在交通参数预测方面的准确性往往优于传统模型,这为交通预测提供了新的有效手段。然而,机器学习模型也存在一些限制,例如模型训练时间较长,需要大量数据用于训练,并且对数据集的精度要求较高。此外,当受到噪声干扰时,机器学习模型的预测精度也会显著下降。

四、时空组合预测模型

交通数据的空间相关性逐渐引起了研究者的关注,且单一时间序列预测模型无法适用于所有预测场景,因此能够同时对交通数据时空相关性进行建模的时空组合预测模型成为研究趋势。

时空组合预测模型目前主要分为两类:一类是衔接不同模型的输出,即将一种模型的输出结果作为另一种模型的输入,彼此衔接得到最终的结果;另一类是同时使用不同模型进行预测,最后通过对各个预测结果进行一些数学处理,如求均值等方法,从而得到预测值。这种组合预测方法能够综合考虑不同模型的优势,提高预测的准确性和鲁棒性,为时空数据的预测和分析提供了更多可能性。潘伟靖等将 GRU(门控循环单元)模型与 SVR 模型结合,预测交通量,实验结果证明该方法可以有效提高模型预测精度,同时也使模型具有一定的抗噪能力。2017 年,Ma 等又通过卷积神经网络(Convolutional Neural Network,CNN)提取道路网络的空间相关性来对路段的速度进行预测。由于卷积神经网络在图像处理方面表现较好,Zhang 等提出了一种 CNN 结合 LSTM 的交通流预测方法,先基于地理坐标转换将现实路网抽象成网格化的图像结构,再将交通流量数据映射到图像网格中,之后利用 CNN 在该图像上提取路网的空间特征,再通过 LSTM 层处理 CNN 输出序列的时间特征,最终输出预测结果。结果表明同时考虑时空相关性的组合模型在预测性能上优于单个模型。邱敦国等用当前时刻前 N_1 天和前 N_2 天数据分别带入 ARIMA 模型进行预测,将 N_1 天数据的预测结果与 N_2 天数据的预测结果分别赋予权重后取均值作为最终预测值,实验结果证明该方法具有更高的预测精度。彭博等利用高空视频数据,提出了一种结合 3D CNN 和深度神经网络(DNN)的交通状态预测模型,进一步提高了预测精度。

由于交通网络在现实中为非欧几里得结构形式的数据,因此划分交通网格以便CNN进行卷积操作的建模方式在一定程度上破坏了交通网络的结构,而Yu等提出了一个新的深度学习框架——时空图卷积网络(STGCN),该模型没有使用常规的CNN和RNN结构来提取时空特征,而是将交通网络用图结构表示出来,并建立具有完整图卷积结构的模型,解决了传统卷积神经网络需要在欧式结构上才能进行卷积的痛点,更好地提取空间特征。自此图卷积神经网络(Graph Convolutional Network,GCN)在交通预测领域"大放异彩"。Guo等提出了一种基于注意力机制的时空图卷积网络(ASTGCN)模型。该模型将交通数据分为邻近周期、日周期和周周期,并将这三种数据分别输入模型来提取时间特征,之后使用添加注意力机制的GCN来更加有效地捕捉交通数据中的动态关联。Diao等提出了一种动态的图卷积神经网络(DGCNN)来进行交通预测,该网络提出了一种动态的拉普拉斯矩阵来实现对交通数据空间依赖关系的动态捕捉。Wei等提出的对偶图(Dual Graph)网络考虑了交通网络中节点和边的交互,用消息传递来模拟节点和边之间的递归交互,实现了同时预测节点和边的交通特征。Zhao等将GCN和GRU进行了结合,并用于交通速度预测。随着Transformer的兴起,越来越多的研究使用Transformer来建模时间依赖,并且取得了比循环神经网络更好的效果。Cai等提出了一种新的深度学习架构——Traffic Transformer来捕捉交通序列数据的时间特性。Aosong等人提出一种用于交通预测的自适应图时空变换网络(ASTTN),该网络堆叠多个时空注意力层,将自注意力应用于输入图,并使用Transformer提取时间特征,实验结果证明该方法预测精度高于基线模型。

时空组合预测模型具有将单个模型的优点集中的能力,从而提高了预测的准确性和鲁棒性。通过选择不同的模型进行组合,可以达到更好的预测效果,因为不同模型在捕捉数据特征方面具有各自的优势,综合利用它们可以弥补单一模型的局限性,提升整体预测性能。然而选择和训练不同模型进行组合需要较大的工作量和计算资源,并且需要对不同模型的特性和参数进行深入理解和调整。

通过梳理已有的研究成果可以发现,交通预测领域已经形成了较为成熟的理论体系,这为未来进一步研究提供了重要的理论支撑。现阶段随着城市交通拥堵问题的加剧,智能交通系统功能的完整性和有效性亟待加强,交通预测精度需要进

一步提升。目前交通预测领域主要面临的挑战有:

(1)大部分交通预测模型会对数据集中的缺失数据进行补全,但采用大多是传统单一的数据补全方法,这种补全方法可能会忽略不同数据特征之间的相关性,导致补全结果缺乏准确性和针对性,可能会对模型训练和预测结果造成影响。

(2)现实交通网络运行状态可能会受到各种复杂因素的影响而产生变化,因此路网空间特性也是动态变化的,不同区域的交通相关性也并不是一成不变的,但大多数研究忽略了这种动态变化。

(3)大部分研究人员着重关注提高预测模型的准确率,导致现有交通预测模型所用的网络架构越来越复杂,相应地,模型在预测过程中需要花费的时间成本越来越高,这大幅度降低了交通预测模型的实用性。

第三节　主要研究内容

为了应对目前交通预测领域面临的挑战,本书分别从交通预测问题中的预测准备和模型搭建两个过程,对交通速度预测的数据处理、特征分析、路网拓扑以及时空建模等问题展开研究,主要研究内容包括:

(1)针对交通速度数据集中的数据异常缺失问题,本书采用拉格朗日插值法对小部分缺失数据进行填补,并提出一种改进的平均值法对大量连续缺失数据进行补全;针对异常重复数据,采取剔除的方法进行处理。之后对交通速度特征进行进一步分析,主要包括时间特征分析、空间特征分析及外源因素影响分析。

(2)目前仍有大多数的交通预测研究通过将路网处理成图像并划分成网格形式来进行对路网空间特征的提取,这种处理方式会破坏现实路网的底层结构。本书将真实交通路网建模成非欧式的图结构,最大限度保留了路网拓扑关系。为了解决图神经网络很难找到序列数据的适当特征表示来进行学习的问题,本书设计了一种将速度特征直接嵌入向量的方法来定义节点的特征表示,从而进一步提高预测模型的预测能力。

(3) 从时空融合预测的角度出发，首先将注意力系数矩阵引入图卷积神经网络，构建融合注意力机制的图卷积神经网络来动态地捕捉路网速度数据的空间特征，其次为考虑模型预测时间成本，设计了一种简化的 Transformer 模型对速度数据进行时间特性建模，由此通过空间-时间的结构完成对时空特征的提取，进而实现更加精确的路网速度预测。最后在真实数据集上进行了一系列对比实验和消融实验，通过分析对比实验的结果证明了本文所提模型在预测精度、预测周期及预测效率这三个维度的优越性，通过分析消融实验的结果证明了本文模型各个模块的必要性及可解释性。

第二章　交通预测相关技术理论

本章首先对各种交通数据采集方式的特点及交通数据的特征参数进行了讨论分析,确定了研究对象,然后针对部分捕获路网时空依赖性的常用方法,对其数学原理及内部结构展开了讨论,最后从不同维度确定了交通速度预测模型的评价指标,为后续研究提供了理论支撑。

第一节　交通数据分析

交通预测是回归问题的一个实际运用,旨在对历史交通观测值建立非线性拟合来实现对未来交通数据或未来交通状态的预测,因此收集到的历史数据质量直接影响着模型的训练和预测效果。低质量的数据可能导致模型学习到错误的规律或产生误导性的结果,降低模型的准确性和泛化能力。因此,在搭建速度预测模型前,需要确保数据的完整性、准确性和一致性,避免数据中存在缺失值或异常值等问题。

一、交通数据采集

高质量的交通数据是进行有效预测的基础,而数据采集方式会对数据质量产生比较大的影响。通过分析不同交通数据采集方式的特点,并将其与数据特征结合进行分析,有利于得到更准确的交通特性,从而可以更有针对性地展开预测模型搭建工作。

早期主要通过人工观察和记录的方式来收集交通数据,调查人员根据设计好的方案,前往调查地点通过实地观察、记录笔记、填写表格、拍摄照片或视频等方式来获取所需的交通数据。之后对收集到的数据进行整理,以便开展后续的分析和应用。然而人工采集数据不仅需要投入大量人力物力,而且采集到的数据容易受到主观因素和个体经验的影响,可能会出现误差较大的情况。

随着相关技术的不断发展,自动采集方式成为目前采集交通数据的"主力军"。其具有实时性强、覆盖范围广和客观准确等诸多优点,能够为交通管理、规划和决策提供可靠的数据支持。目前采集设备种类繁多,主要可以分为固定式检测器和移动式检测器,它们各自具有独特的应用场景和特点。固定式检测器是指安装在交通路段上固定位置的检测设备,用于监测交通状况并采集相关数据。这些设备通常不会移动,固定在特定的位置用于长期的监测和数据采集,主要包括线圈检测、地磁检测和微波检测。固定式检测器通常具有稳定性高、可长期监测、成本低、准确性高和覆盖范围广等优点。移动式检测数据通常指由浮动车以及联网车辆收集到的数据。安装全球定位系统(Global Positioning System,GPS)定位装置或联网模块的车辆,其在道路上行驶可以实时记录车辆的地理坐标、瞬时速度等详细信息。移动式检测器收集到的数据经过地图匹配等操作进行处理之后便可以作为后续研究的基础。不同于固定式检测器收集到的数据,移动式检测器收集到的数据由于车辆行驶轨迹的范围较广且连续,通常被用于考虑路网或远距离依赖关系的研究。各种传感器的具体特点见表2-1。

采集设备优缺点 表2-1

检测器类型	采集方法	优点	缺点
固定式检测器	线圈检测	技术成熟且成本低	寿命较短
	地磁检测	不受气候影响	车辆拥堵时精度较低
	微波检测	准确率高且寿命长	拥堵时误差较大
移动式检测器	GPS浮动车	实时监测精准定位	易受到信号干扰
	联网车	可远程控制	成本较高

这些不同类型的采集设备相互配合,能够为交通领域的数据采集工作提供更

全面、准确的支持,推动了数据采集技术在各个研究方向的广泛应用与发展。

二、交通数据特征参数

道路检测器收集到的交通数据中主要包含的特征参数有交通流量、路段占有率及交通流平均速度。

1)交通流量

交通流量是指在一定时间内通过某一交通线路(如道路、桥梁、隧道等)的车辆数量或车辆流量。通常以每小时通过某一点的车辆数或者单位时间内通过某一路段的车辆总数来衡量,其定义如式(2-1)所示。当交通流量超过当前道路的实际通行能力时,认为该路段发生了交通拥堵,所以如果要通过交通流量参数判断路段是否拥堵,还需要知道该路段的实际通行能力。因此,通过交通流这一个参数不能直接准确地确定道路真实运行状态。

$$q = \frac{N}{T} \tag{2-1}$$

式中,T 为观测时间,N 为通过传感器的车辆数,q 表示交通流量。

2)路段占有率

路段占有率是指某一道路或路段在特定时间内被车辆所占据的比例,通常以车辆数、车辆长度或车辆密度来表示。路段占有率可以反映道路的拥挤程度和通行效率,是衡量交通流量密度和道路利用情况的重要指标之一。当路段占有率较高时,可能导致交通拥堵和延误,影响交通系统的运行效率。具体来说,路段占有率包括时间占有率和空间占有率,时间占有率是指某车道上所有车辆通过某一检测点所花费的平均时间与检测周期的比值,如式(2-2)所示,它反映了车辆在某一路段上停留的时间长短,时间占有率越高,表示车辆在该路段上停留的时间越长,通行速度越慢,交通拥堵程度越高。

$$O_t = \frac{1}{T} \sum_{i=1}^{n} \xi_i \times 100\% \tag{2-2}$$

式中,O_t 表示时间占有率,T 表示观测时间,ξ_i 为第 i 辆车传感器检测的时间,n 是在观测时间内该路段通过的车辆数量。

空间占有率是指某一时刻通过某一路段的车辆所占据的长度与该路段总长度的比值,式(2-3)给出了其具体计算方式。它反映了车辆在某一时刻所占据的道路空间比例,可以用来评估路段的利用率和拥挤程度。空间占有率越高,表示车辆在该路段上所占据的空间比例越大,道路利用率越高,交通拥挤程度也越高。

$$O_s = \frac{1}{L} \sum_{i=1}^{n} l_i \times 100\% \qquad (2\text{-}3)$$

式中,O_s 表示空间占有率,L 表示观测路段的总长度,l_i 为第 i 辆车的长度,n 是该路段通过的车辆数量。

路段占有率虽然可以直接反映当前路段的运行状态,但是由于它的定义为两个检测值的比值,因此占有率数据通常被认为是误差较大的数据。

3)交通流平均速度

交通流平均速度是指某一时段、某一路段上通过的所有车辆的平均速度。它是衡量交通流畅程度和道路通行效率的重要指标。其数学定义如式(2-4)所示。

$$\overline{V} = \frac{1}{N_t} \sum_{i=1}^{N_t} v_i \qquad (2\text{-}4)$$

式中,v_i 为第 t 时间段内行驶在道路上的第 i 辆车的速度,N_t 为第 t 时间段内的车辆总数。

交通流平均速度相较于其他交通参数能够更加直接反映当前交通运行状态,因此本书将交通流平均速度作为研究对象来进行后续预测研究。

第二节　交通网络的时间依赖性

交通预测一直是交通领域的热点问题。早期的交通预测通常被建模为时间序列回归问题,因此各种时间序列分析方法被应用于交通预测领域。然而,交通数据存在着复杂的非线性特征,因而机器学习方法被广泛应用于交通预测。

随着基于机器学习的交通预测研究的发展,研究人员发现传统的机器学习方法存在着无法自动学习数据隐藏特征的弊端,需要通过人工指定特征来使模型完成学习,而人工指定的特征可能并不能全面覆盖复杂的交通特征,这直接影响到了预测模型的准确性和泛化能力。而深度学习作为一种强大的学习方法,通过端到端的学习方式可以直接从原始的交通数据中学习特征表示并完成对高度非线性时间依赖性的模拟,减少了人工特征提取的工作量,提高了模型的自动化程度和预测效果。

一、循环神经网络

近年来,前馈神经网络、模糊神经网络、循环神经网络(Recurrent Neural Network, RNN)等基于深度学习的方法被用于完成对序列数据的时间特征建模,同样也被许多研究人员用于交通预测。其中 RNN 的记忆功能使得它能够更好地处理具有依赖关系的时间序列数据,这种记忆功能对于交通预测这样需要考虑历史交通状态对未来交通情况影响的问题尤为重要。通过 RNN 的隐藏状态,模型可以保留和传递过去时间步的信息,从而更好地预测未来的交通情况。

RNN 主要结构如图 2-1 所示。其网络结构可以看作是一个序列模型,包含输入层 x、隐藏层 h 和输出层 y。其中,隐藏层是由多个递归单元组成的,每个递归单元接收当前时刻的输入和上一时刻的隐藏状态输入,并在此基础上完成当前时刻隐藏状态的更新。通过隐藏状态的不断传递,RNN 能够隐式地保留过去时刻的序列信息,并产生当前时刻的输出结果。由于 RNN 的网络结构天然适合序列数据的处理,它可以被看作是一种有序贯记忆性的神经网络。

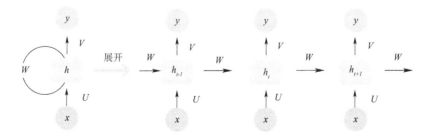

图 2-1 RNN 按时间线展开图

长短期记忆网络(Long Short-Term Memory, LSTM)是一种特殊的循环神经网络变体,专门设计用于处理序列数据,并能够更好地捕捉数据中的长期依赖关系。相比于传统的 RNN 结构,LSTM 引入了三个门控结构:遗忘门(Forget Gate)、输入门(Input Gate)和输出门(Output Gate)以及一个细胞状态(Cell State)。遗忘门可以控制上一个时间步的记忆状态中哪些信息需要被遗忘或保留,输入门可以控制当前时间步的输入信息中哪些部分需要被纳入记忆状态,而输出门则可以控制记忆状态中的哪些信息需要输出到下一个时间步,细胞状态可以被看作是 LSTM 网络中的一种信息传递通道,负责在不同时间步之间传递和保持信息。通过这种机制,LSTM 能够更有效地处理长期时间序列数据,减轻了梯度消失的问题,同时也提高了模型对序列数据的建模能力和预测准确性。LSTM 的主要结构如图 2-2 所示。

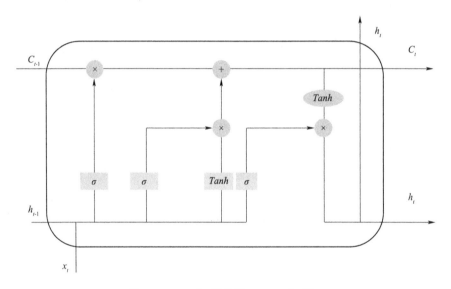

图 2-2　LSTM 主要结构图(σ、$Tanh$ 为函数)

GRU(Gated Recurrent Unit)是一种通过简化 LSTM 而得来的循环神经网络结构,其计算更简单、更易于实现。相较于 LSTM,GRU 去除了 LSTM 中的细胞单元,采用更新门代替输入门和遗忘门的设计。GRU 只包含更新门和重置门两个门控机制,其中更新门用于确定传递信息,而重置门则用于确定遗忘信息。通过更新门和重置门的平衡作用,GRU 在信息传递和遗忘方面取得了良好的表现,相比 LSTM 拥有更为简洁的结构。这使得 GRU 相对于 LSTM 来说,在计算上更为简单、更易于实现,并且在保持模型性能的同时提供了更为简洁有效的解决方案。

综上所述,RNN 及其变体可以有效地捕捉并传递长期依赖信息。然而,尽管它们在大多数情况下表现良好,但仍存在一些限制。其中一个最主要的限制是 RNN 模型对于超长序列远端数据特征的提取能力相对较弱。这是因为随着序列长度的增加,模型难以捕捉到时间上较远的依赖关系。这可能导致模型对于远距离的相关特征无法充分利用,从而影响模型的性能。此外,循环神经网络的另一个局限性是计算效率较低。由于 RNN 的计算过程需要按顺序进行,在训练过程中,每个时间步的计算都必须依赖前一个时间步的计算结果,无法进行并行计算,这导致了训练时间的增加,因此 RNN 在处理长序列数据时容易受到计算效率的限制,从而限制模型在实际中的应用。为了解决这个问题,时间卷积网络(Temporal Convolutional Networks,TCN)应运而生。

二、时间卷积网络

时间卷积网络(Temporal Convolutional Network,TCN)是一种用于序列建模的深度神经网络结构,其主要利用一维卷积神经网络来捕捉序列数据中的时间依赖关系。

TCN 的核心结构包括卷积层和残差连接。具体来说,TCN 通常由多个卷积块组成,每个卷积块由一个一维卷积层、一个非线性激活函数、一个批标准化层和一个可选的残差连接组成。其中一维卷积层用于捕获输入序列中的局部模式和特征,非线性激活函数用于引入非线性变换,批标准化层用于加速训练过程和提高模型的泛化能力,而残差连接可以帮助减轻梯度消失问题,并使网络更容易被训练。在每个卷积块中,一维卷积层负责学习序列数据中不同时间步之间的特征表示,同时保持输入序列长度不变。通过堆叠多个卷积块,TCN 可以有效地捕获不同范围的时间依赖关系,从而实现对整个序列的建模。TCN 结构如图 2-3 所示。

一方面,TCN 具有并行计算的优势,且不需要按照时间步骤顺序进行计算,使得它在计算效率上具有明显优势;另一方面,TCN 采用了多层卷积结构,通过堆叠多个卷积层来增加模型的感知范围,从而能够更有效地捕捉时间序列数据中的依赖关系。同时卷积结构可以更好地传播梯度,解决了传统的 RNN 在处理长期依赖时可能会遇到的梯度消失或梯度爆炸问题。正是因为 TCN 的这些优势,许多研究已经开始采用 TCN 来提取时间相关性。

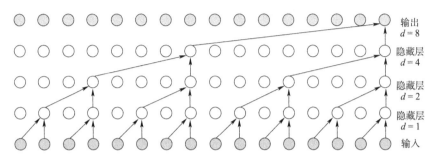

图 2-3　TCN 结构图

三、Transformer 模型

随着注意力机制在交通预测领域的应用,使用 Transformer 建立时间依赖性已成为交通预测领域的热点。如图 2-4 所示,Transformer 结构包含多个自注意力机制,因此它可以捕获原始数据多维特征的相关系数,并获得更准确的预测结构。

Transformer 中的注意力机制被称为自注意力(Self-Attention)机制,同时在注意力层采用多头的方式关注数据的不同特征,来达到防止过拟合的目的。Transformer 模型中编码器和解码器中的每个计算模块均由注意力层、残差网络和前馈神经网络组成。单个 Attention 的计算公式如下:

$$\text{Attention}(Q,K,V) = \text{softmax}(QK^T/\sqrt{d_k})V \tag{2-5}$$

式中,Attention(Q、K、V)表示 Attention 层的输出,Q、K、V 分别代表查询向量矩阵、键向量矩阵和值向量矩阵。

Q、K、V 矩阵分别是由词向量与三个权重矩阵相乘所得。在注意力层,Transformer 模型采用多头注意力机制的方式计算向量之间的关系,多头注意力机制是由多个 Attention 依次拼接而成,每个注意力头之间相互独立地负责一个子空间,从而使模型在多个相互独立的子空间中学习到不同方面的信息。因此,多头注意力机制在提高模型表达能力的同时避免了过拟合现象的产生。

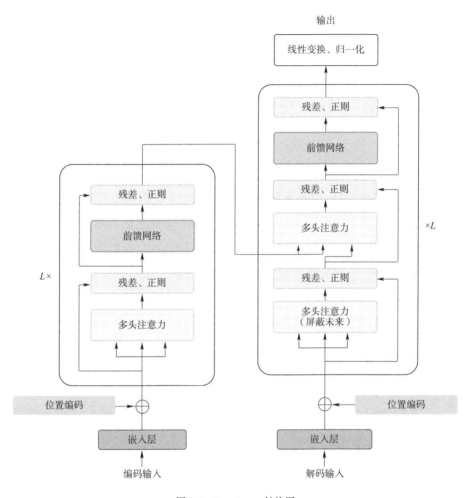

图 2-4　Transformer 结构图

在 Transformer 模型中，数据首先在编码端输入，输入数据在经过 Embedding 编码后，送入自注意力模块进行计算，计算结果经过残差求和后进行归一化处理，之后再送入前馈神经网络并再一次进行残差求和和归一化处理。编码端和解码端各有若干个自注意力模型提取数据的深层特征。在解码端，将引导数据经过位置编码后送入自注意力模块，与编码端输出的结果一起经过若干次计算后，将输出结果经过线性映射和 softmax 处理后输出。

Transformer 模型相较于其他时序预测模型，能够满足多步预测不同输入和输出的需求，同时注意力机制通过矩阵的点积计算实现了全局特征的提取，能够更好地提取长序列的数据特征。

第三节　交通网络的空间依赖性

随着数据采集技术的发展和交通网络传感器数量的增加，可收集交通数据的种类更加丰富。传感器所检测到的交通数据都对应着在其交通网络空间上的位置，又由于各个传感器之间在现实道路上相互影响，因此它们收集到的数据也存在着这种空间依赖关系。例如，当某个节点出现交通拥堵时，这种情况会迅速传播至邻近的节点。因此，了解这些依赖关系对于准确预测交通结果非常重要。此外，路网的空间特征也扮演着至关重要的角色。不同区域的交通流量和拥堵情况可能受到路网形状、路段长度和连通性等因素的影响。通过利用数据驱动的方法，研究人员可以通过深度学习挖掘道路网络中的时空特征信息，从而提高交通预测的准确性。

一、图神经网络

图数据是一种抽象的数学结构，它由节点和连接这些节点的边组成。在图数据中，节点代表实体或对象，而边则表示节点之间的关系或连接。图数据可以用来描述各种复杂的关系型数据，例如社交网络中的用户关系、道路网络中的交叉口和道路连接关系、生物信息学中的蛋白质相互作用关系等。现实网络大多数都是不规则的图结构数据，因此与图相关的学习任务在机器学习和网络科学研究中受到了广泛关注。这些任务包括图表示学习、节点分类、链接预测和图生成等。然而，传统的机器学习和深度学习方法在处理图数据时面临挑战，需要新技术来解决基于图的预测任务。

图上的预测任务一般分为三种类型：图层面、节点层面和边层面。图层面任务通常为整张图预测一些性质,节点层面的任务常常为图中的每个节点预测一些性质,而边层面的任务一般预测边的形式。

深度学习方法成功将神经网络推广到了任意结构的图,这些网络被称为图神经网络(Graph Neural Network, GNN)。图神经网络作为一种图表示学习模型,适用于节点中心任务和图中心任务。在 GNN 的学习过程中,它通过对每个节点或整张图进行嵌入学习,充分利用了节点中包含的信息以及图的结构信息,从而有效处理和分析图数据。其中节点嵌入的学习过程可以总结为:

$$h_i^{(l)} = f_{\text{filter}}(A, H^{(l-1)}) \tag{2-6}$$

式中,$A \in R^{n \times n}$ 是图的邻接矩阵,$H^{(l-1)} = \{h_1^{(l-1)}, h_2^{(l-1)}, \cdots\cdots, h_n^{(l-1)}\} \in R^{n \times d}$ 表示第 $l-1$ 个 GNN 层的输入节点嵌入,$H^{(l)}$ 为更新后的节点嵌入,d 表示 $h_i^{(l-1)}$ 的维度。

式(2-7)描述的过程称为图滤波,$f_{\text{filter}}(\cdot)$ 为图过滤器。图神经网络的核心理念在于利用图滤波器对节点嵌入进行参数化选择,这一过程被称为图滤波。在这个过程中,图的结构并不改变,而是通过图滤波对节点嵌入进行了细化,使得每个节点能够获得更丰富的特征表示。通过将图滤波层叠加至 L 层可以得到完整的节点嵌入图,其中蕴含了丰富的节点特征和全局图结构信息。对于 GNN 来说,不同模型的区别仅在于如何选择并参数化图过滤器 $f_{\text{filter}}(\cdot)$。此外,图池化的引入进一步实现了节点嵌入的聚合。具体来说,图池化以一个图及其节点嵌入作为输入,通过学习最重要的特征,然后生成一个包含更少节点的图及其相应的新节点嵌入。具体操作如式(2-7)所示:

$$A', H' = f_{\text{pool}}(A, H) \tag{2-7}$$

式中,$f_{\text{pool}}(\cdot)$ 表示图池化操作,$A \in R^{n \times n}$ 和 $H \in R^{n \times d}$ 分别表示图池化前的邻接矩阵和节点嵌入。$A' \in R^{n' \times n'}$ 和 $H' \in R^{n' \times d'}$ 分别表示图池化后的邻接矩阵和节点嵌入。这种结合图滤波和图池化的策略,有效地提升了 GNN 对大规模图数据的处理能力,为复杂任务提供了强大的建模基础。

二、图卷积网络

传统的卷积神经网络(Convolutional Neural Network, CNN)在处理欧氏空间中

的图像和规则网格数据方面表现出色,然而当面对具有独特拓扑结构的道路网络时,情况就有所不同。道路网络包含着稀疏道路和不规则道路等特征,这种复杂的拓扑结构使得传统 CNN 在道路网络上的应用受到了限制。由于 CNN 设计初衷是为了处理规则网格结构的数据,如图 2-5 所示,在处理道路网络这种非规则图结构时,卷积神经网络的局部连接和权值共享机制可能无法有效捕捉道路网络的特征和关系,从而导致性能下降。为了更好地提取道路网络的时空特性,并避免丢失其空间信息,将现实路网抽象成图结构成为现在主流的研究选择,通过采用图神经网络(GNN)等方法在图结构数据上展开学习,可以对道路网络进行有效的表示学习和特征提取,从而更好地应对复杂结构数据的分析任务。

图卷积网络(Graph Convolutional Network,GCN)是一种专门针对图结构数据设计的神经网络模型,它继承了传统卷积神经网络(CNN)在欧氏空间中的卷积滤波思想,并将其应用到图数据的处理中,图结构数据如图 2-6 所示。与传统 CNN 适用于处理规则网格结构的数据不同,GCN 可以直接在图结构上进行卷积操作,这使得 GCN 能够有效处理具有可变邻居数量的节点特征,在实现信息共享的同时,能够对节点特征进行加权求和,从而更好地捕捉图数据中的复杂关系和特征。GCN 的具体结构如图 2-7 所示。

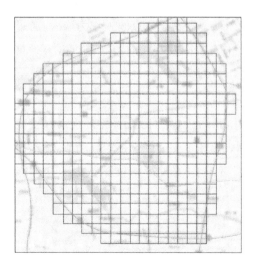

图 2-5 规则网格结构路网

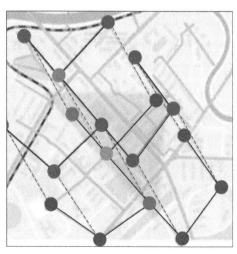

图 2-6 图结构路网

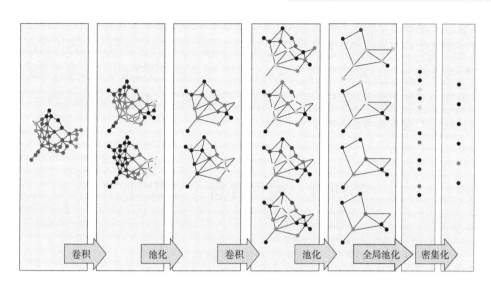

图 2-7 GCN 结构图

GCN 的本质是找到适用于图的可学习的卷积核,通过聚合节点 V_i 自身的特征 X_i、相邻节点的特征 X_j 以及节点与相邻节点之间边的特征,来更新节点 V_i 的隐藏状态表示 $H \in R^{N \times F}$,其中 F 为节点特征的数量。图卷积网络的更新规则如式(2-8)所示:

$$H^{(l+1)} = \sigma(\tilde{D}^{-\frac{1}{2}} \tilde{A} \tilde{D}^{-\frac{1}{2}} H^{(l)} W^{(l)}) \tag{2-8}$$

式中,l 是层数,$\sigma(\cdot)$ 为激活函数,D 为对角度矩阵,$\tilde{A} = A + I_N$ 表示含自连接的邻接矩阵,I_N 表示单位矩阵,W 是一个可训练的权值矩阵。

图卷积网络通常被划分为空域卷积和频域卷积两大类。其中,基于空间域的图卷积类似于传统 CNN 中的卷积操作,它是根据节点在图上的空间关系进行操作,通过信息沿着边缘传播实现节点之间的信息共享和特征更新。具体而言,空域图卷积的计算过程为首先学习每个节点的邻居节点特征,其次将节点自身的特征与学习到的邻居节点特征进行结合,最后使用激活函数对组合后的特征进行非线性变换,得到更新后的节点表示。这种方法为处理图结构数据提供了一种有效的途径,能够更好地捕捉图数据中节点之间的关联关系。

频域卷积作为最早的图卷积网络,在许多图相关任务中表现良好。理论上通过设计新的图滤波器,便可以形成新的图卷积网络。然而,基于频谱域的卷积模型有着一些难以克服的缺点。频域卷积的操作是首先将序列输入投影至频谱域,然后利用可学习核的图卷积算子对谱表示进行滤波,这种方法依赖于拉普拉斯矩阵的特征分解,这对计算资源有着比较高的需求,虽然可通过切比雪夫多项式加快特征矩阵的求解速度,但频域卷积需要将整个图加载到内存中才能完成卷积操作,因此在处理大型图时可能效率不高。

第四节　模型评价方法设计

在进行交通预测模型的搭建时,不同的交通预测场景对应不同的准则。①不同场景的交通流特点和交通参与者的行为方式可能会有所不同。例如,在城市内部道路,可能会受到交通信号、路口红绿灯等因素的影响,而在高速公路上,车辆通常以较高的速度行驶,交通流量也更为密集。这些不同的特点会导致不同场景下交通速度的变化规律不同。②不同交通场景受到的影响因素也各不相同。例如,交通拥堵可能在城市内部道路更为常见,而在高速公路上可能主要受到车辆密度和事故等因素的影响。因此,需要针对不同的交通场景考虑到具体的影响因素,才能更精准地预测交通速度。③不同交通场景下可用的数据类型和数据质量也会有所不同。有些场景可能获取到更为丰富和准确的实时数据,如交通监控摄像头的视频流,而有些场景可能数据获取相对困难。但所有交通预测模型的构建存在一些普适性的原则,例如预测模型需要具备较高精度的预测能力,同时尽量降低模型的计算复杂度,提高模型训练过程和预测过程的速度。因此,构建交通速度预测模型需要制定相应的准则,确定合适的评估指标和标准用于评估模型的性能和效果,从而及时调整和优化模型。

一、模型预测精度

现将提出的预测模型与基线模型在以下三个指标上进行对比分析,验证提出模型的预测精度表现。三个评估指标分别为平均绝对误差(Mean Absolute Error,

MAE)、均方根误差(Root Mean Square Error,RMSE)和平均绝对百分比误差(Mean Absolute Percentage Error,MAPE),具体描述如下。

(1) MAE 是指交通路网所有道路的交通流量值与模型预测值的误差平均绝对值,该指标反映预测值误差的实际情况,数值越小表示模型表现越好,计算方式如式(2-9)所示:

$$\mathrm{MAE} = \frac{1}{N}\sum_{i=1}^{N}|f_i - y_i| \qquad (2\text{-}9)$$

(2) RMSE 是误差平方的均值平方根,该指标反映了真实值与预测值之间的偏差,计算值越小说明模型表现越好,计算方式如式(2-10)所示:

$$\mathrm{RMSE} = \sqrt{\frac{1}{N}\sum_{i=1}^{N}(f_i - y_i)^2} \qquad (2\text{-}10)$$

(3) MAPE 是平均的百分比误差,通常将 MAPE 与 1 的绝对值之差作为模型预测准确率,计算方式如下:

$$\mathrm{MAPE} = \sum_{i=1}^{N}\left|\frac{f_i - y_i}{y_i}\right| \times \frac{100\%}{N} \qquad (2\text{-}11)$$

式中,y_i 是真实值,f_i 是对应的预测值。

二、模型预测周期

交通数据具有时间序列特性,相近时间点的交通流变化相互影响较大,存在时间相关性,同时真实路网的交通数据还存在周期性的变化。在构建交通预测模型时,需要充分考虑时间的相关性和周期性。交通预测模型根据时间长短分为短期交通预测(5~15min)和长期交通预测(15~60min),一般来说,预测时间越长,对模型的能力要求越高。这是因为预测时间越长,交通数据的时间相关性越低,因此需要更强大的模型来捕捉长期的趋势,并更好地处理周期性变化的数据。本书通过对比在不同预测周期下模型预测结果的精确性来衡量所提出模型的优劣。

三、模型预测时间成本

一直以来降低模型的复杂度都是计算机科学家们追求的目标。在交通领域预测模型的时间成本评估也是很重要的。第一是因为预测时间成本直接关系到交通调控的效率，根据不同的需求选择适合的模型，可以确保预测结果及时生成，为交通管理和规划提供有效支持。第二是因为评估预测时间成本对资源分配至关重要，特别在资源受限的场景下，了解模型时间成本有助于合理分配计算资源，提高整体交通预测效率。

  模型的复杂度分为时间复杂度和空间复杂度，复杂度的高低直接决定了预测模型的实用性。包括图神经网络在内的深度学习技术通过数据驱动的方式进行学习，大量的数据为模型提供了丰富的学习资料，同时也为模型带来了一定负担。很多基于图神经网络的交通预测模型复杂度较高，不能应用到大型的交通路网图数据上，限制了模型的使用，因此本书通过测试模型在预测过程中消耗的时间成本来评价模型的优劣。

第三章 交通路网建模与速度特征分析

选择合适的交通路网拓扑结构有助于在交通预测模型搭建过程中有针对性地设计空间特征提取模块,而通过对历史交通数据进行分析,可以了解交通数据的周期性和演变趋势,进而发现其变化规律和影响因素,这有助于建立合适的时间依赖学习模块,从而提高预测模型的预测准确性。因此,本章首先介绍了数据来源,之后选择图结构对现实路网进行建模,最后对交通速度数据进行了时空特性分析与外源因素影响分析,为后面预测模型的搭建提供基础。

第一节 交通速度数据集

美国加利福尼亚州(以下简称加州)运输局智能检测系统(Performance Measurement System,PeMS)提供了一个统一的交通数据数据库,通过这些数据可以对高速公路性能进行全面的评估,让管理者基于当前高速公路网络状态作出更好的交通管控决策。本书中所用到的交通数据均来自 PeMS 数据库。

一、数据描述

PeMS 网站首页直接展现了当前加州公路网的道路运行状态,并提供了各种数据的下载接口。

此数据集囊括了整个加州范围内 39000 多个单独的传感器实时收集的交通数据,被广泛用于交通研究领域。传感器每 30s 采集道路的交通流量、时间占用率和交通流平均速度,并以 5min 为周期聚合样本,采集数据的主要核心字段见表 3-1。

数据集主要字段名称、含义和示例　　　　表 3-1

字段名称	含义	示例
StationID	检测器编号	VDS312613
RoadID	路段 ID	99
Timestamp	时间戳	2022/7/29 0:00
Length	检测长度	1.003
Flow(veh/5 minutes)	流量	67
Speed(mph)	平均速度	67.1
Occupancy(%)	平均占有率	0.0104

由于交通流速度能更加直观地反映交通运行状态,因此,本书将检测器收集到的交通速度数据作为研究对象。为避免检测器距离过近使数据集中出现过多无效的冗余数据,规定选取的检测器两两间距超过 3km,最终选取加州 District 3 的 228 个检测器在 2022 年 7 月 1 日至 2022 年 8 月 31 日期间收集到的数据构建本书初始数据集。

二、数据预处理

在 PeMS 系统中,检测器偶尔会出现停止工作或停止发送数据的情况。这些错误可能由各种原因导致,包括错误的连接、通信丢失或控制器故障。每当这些错误发生时,数据集就会出现空白。然而在交通预测领域,数据的准确性和完整性是非常重要的,因为这些数据是交通管理决策的基础,而数据的冗余或缺失可能会导致决策错误。因此,对于检测过程中出现的数据冗余或缺失等情况,需要采取一定的措施进行处理。

1) 冗余数据

由于在实际检测过程中,检测器可能会出现一些故障导致同一数据被记录多次,这些冗余数据会干扰后续的数据分析和处理。因此,在处理数据之前,需要对这些重复数据进行去重,只保留一条记录,以确保数据的准确性和一致性。本书将同一检测点相同时刻下的重复数据直接剔除。

2）缺失数据

在实际的检测过程中，某些数据可能无法被检测器记录下来，便会出现数据缺失的情况。不同的数据缺失程度对数据集的影响并不相同，因此，对缺失数据的处理也应当采取不同的方法。拉格朗日插值法是一种常用的数值分析方法，用于通过已知数据点构建一个多项式函数，以逼近这些数据点之间的关系，从而对未知数据点进行估计插值。但是随着缺失数据点数量增加，拉格朗日插值多项式的阶数也随之增加，高次插值多项式会导致计算复杂度增加，使插值出现振荡或不稳定情况。因此，拉格朗日插值法在小数据集上通常表现良好，而面对大量连续缺失数据时效果较差。

通过上述分析，对于小部分缺失数据采取拉格朗日插值法进行补全。拉格朗日插值法公式如式(3-1)所示。

$$P_n(x) = \sum_{i=1}^{n} y_i \left(\prod_{\substack{1 \leq j \leq n \\ j \neq i}} \frac{x - x_j}{x_i - x_j} \right) \tag{3-1}$$

式中，y_i 为缺失值之外的值，x 为缺失值对应的自变量，x_i 和 x_j 为不相等的自变量。

对于大量连续缺失数据，以一种改进的平均值法进行补全。具体来说，以缺失数据的时间段为基准，选择前一天、后一天、上周及下周同一天相同时间段内的 4 个数据平均值填补，数据选取规则如图 3-1 所示。假若 7 月 21 日检测器产生了连续缺失数据，则通过选取前一天(7 月 20 日)、后一天(7 月 22 日)、上周同一天(7 月 14 日)及下周同一天(7 月 28 日)相同时间段的数据平均值作为填充数据，节假日或休息日数据不作为补充数据。

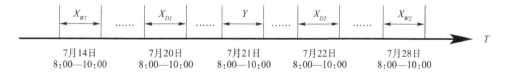

图 3-1 大量连续缺失数据的填补方法

规定完数据预处理方式之后，对收集到的数据进行异常值检测。单个检测器在 2022 年 7 月 1 日至 2022 年 8 月 31 日的 44 个工作日内收集收据样本数为 12672 条,则 228 个检测器理论上应收集到 2889216 条数据。以单个检测器为例,检测到 VDS3070033 在 7 月 12 日产生异常重复数据 6 条,采取删除操作;检测到 VDS318282 在 8 月 3 日缺失 4 条,属于少量数据的缺失,采取式(3-1)的方法进行补全;而在 8 月 10 日却连续缺失了 151 条数据,属于大量数据的连续缺失,不适合使用插值法进行补全,因此,采用本书提出的改进平均值法对缺失数据进行填充。具体来说,通过选取 8 月 9 日、8 月 11 日、8 月 3 日和 8 月 17 日相同时间段的数据平均值作为补充数据。在对数据进行以上预处理操作之后,得到交通速度预测数据集。

第二节　交通路网建模

交通路网建模是构建交通预测模型的基础,然而交通路网本身具有复杂性,受到规律性和随机因素的影响。深刻理解交通路网的真实特性对提高交通预测模型的精度至关重要。本书将交通路网建模为图的形式,既降低了其复杂程度,又保留了其本质特征。这种建模方法为后续交通预测模型的搭建提供了很好的理论依据。

交通数据来源于 PeMS 数据集,因此,选取对应的交通传感器网络作为路网建模的研究对象。如图 3-2 所示,该检测器网络的连接关系种类较多且相对复杂。对检测器进行有选择性的取舍之后,把位于同一路段上且距离在 3km 之内状态相似的检测器剔除,选取状态差异大的传感器。通过把交通检测器网络抽象成如图 3-3 所示的图结构形式,保留了实际路网的有效信息,为后续交通速度预测模型的搭建打下基础。

在将真实的交通路网生成图的形式之后,对道路的拓扑关系进行建模。将交通路网视作图结构 $G = (V, E, W)$,V 表示路网中检测器集合,记作节点集,E 是检测器之间的连接关系,记为边集,W 为图的邻接矩阵,表示路网的拓扑关系。对于

一个包含 N 个节点的图 G,可以使用邻接矩阵 $A \in R^{N \times N}$ 来表示图中节点的连接关系,定义如式(3-2)所示。

$$A_{i,j} = \begin{cases} 1, (v_i, v_j) \in E \\ 0, (v_i, v_j) \notin E \end{cases} \quad (3-2)$$

式中,图中两个节点 v_i 和 v_j 之间存在连接关系时,对应邻接矩阵中元素的值为 1,当两个节点之间不存在连接关系时,对应邻接矩阵中元素的值为 0。最后路网拓扑建模如图 3-4 所示,每个节点都包含对应的特征,每一条边都代表检测器 i 和 j 之间的连接关系 W_{ij}。

图 3-2　交通路网部分检测器

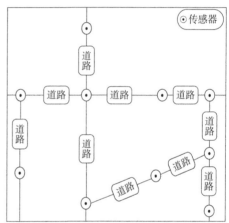

图 3-3　路网生成图

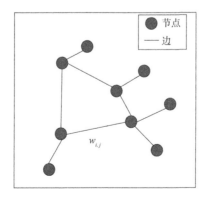

图 3-4　路网拓扑关系

第三节　交通速度特征分析

　　交通系统是一个复杂的有机整体，它由道路、车辆、交通参与者和外源因素等多个要素构成。每个交通路网有各自固有的交通条件限制，它呈现出特定的交通特性，但不同的路网之间存在着相似的规律，而交通参与者的出行行为也具有一定的规律性，因此，要构建更加合理可靠的交通预测模型，深入分析交通路网的特征是必不可少的步骤。本书主要对交通速度数据的时间特征、空间特征以及外源因素影响进行分析。

一、时间特征分析

　　本节通过观察真实交通速度数据，从时间序列的角度出发，分析潜在的交通速度时序变化规律。根据交通速度数据的组织方式进行分类，例如按照时序数据的排列，可分为横向序列和纵向序列，横向序列指将速度数据从早到晚排列，而纵向序列为每周同一时刻的速度数据按照时间顺序排列。交通数据在工作日与非工作日时间周期变化模式相差较大，且非工作日交通比工作日交通具有更强的波动性与随机性，因此本书主要研究工作日的交通速度数据。

　　为体现交通速度数据的时间特征变化规律，随机选取 ID 为 VDS314270 的检测器，绘制其从任一个周一到周五的速度变化曲线，如图 3-5 所示。图中可明显观察到同一个检测点的速度序列在每一个工作日都呈现出相似的变化规律。具体来说，每个工作日的 22:00 至次日 6:00 期间，由于道路上车流量较低，道路速度趋近于自由流速度，而在每天的早高峰与晚高峰期间，车流速度明显降低。

　　为进一步分析速度序列之间的时间相关性，引入皮尔逊相关系数对数据集中的交通流速度数据进行相关性分析，作为统计学中描述两个随机变量相关程度的重要指标，皮尔逊相关系数计算公式如式(3-3)所示。

$$r = \frac{\mathrm{cov}(x,y)}{\sigma_x \sigma_y} = \frac{\sum_{i=1}^{n}(x_i - \bar{x})(y_i - \bar{y})}{\sqrt{\sum_{i=1}^{n}(x_i - \bar{x})^2 (y_i - \bar{y})^2}} \qquad (3\text{-}3)$$

式中，r 为相关性系数，$\mathrm{cov}(x,y)$ 是变量 x 和 y 的协方差，σ_x 和 σ_y 分别是 x 和 y 的标准差，n 是样本总数，x_i 和 y_i 分别表示变量 x 和 y 的第 i 个样本，$\bar{x}$ 和 $\bar{y}$ 分别是变量 x 和 y 的样本期望。

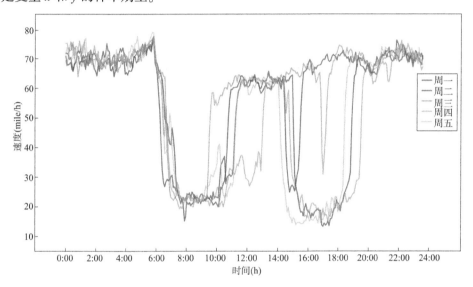

图 3-5　VDS314270 横向序列速度变化趋势

r 的取值范围为 $[-1,1]$，$r>0$ 表明变量之间呈正相关性，变化规律相同；$r<0$ 表明变量之间呈负相关性，变化规律相反。r 的取值范围与变量之间相关程度的具体对应关系见表 3-2。

相关系数与相关程度对应关系表　　表 3-2

r	相关程度	r	相关程度
-1	完全负相关	$0.2 < r \leqslant 0.4$	弱相关
0	无线性相关	$0.4 < r \leqslant 0.6$	中等相关
1	完全正相关	$0.6 < r \leqslant 0.8$	强相关
$0 < r \leqslant 0.2$	极弱相关	$0.8 < r < 1$	极强相关

对于多维变量 $\chi = [x_1, x_2, \cdots, x_N]$，可以计算两两元素之间的相关系数得到皮尔逊相关系数矩阵 R，如式(3-4)所示。

$$R = \begin{bmatrix} r_{11} & r_{12} & \cdots & r_{1n} \\ r_{21} & r_{22} & \cdots & r_{2n} \\ \vdots & \vdots & \ddots & \vdots \\ r_{n1} & r_{n2} & \cdots & r_{nn} \end{bmatrix} \tag{3-4}$$

其中，该矩阵的第 i 行 j 列元素 r_{ij} 表明 χ 的第 i 和第 j 维的皮尔逊相关系数，计算公式如式(3-5)所示。

$$r_{ij} = r_{ji} = \frac{\mathrm{cov}(x_i, x_j)}{\sigma_{x_i} \sigma_{x_j}} = \frac{\sum_{i=1}^{n}(x_i - \bar{x}_i)(x_j - \bar{x}_j)}{\sqrt{\sum_{i=1}^{n}(x_i - \bar{x}_i)^2 (x_j - \bar{x}_j)^2}} \tag{3-5}$$

式(3-5)中各运算符号的含义同式(3-3)。

根据上述公式计算 VDS314270 检测点从周一到周五速度数据间的相关性系数，并将其可视化为图 3-6 所示的相关性热力图。热力图的主体部分由 5×5 的深色正方形交错组成。从热力值上看，颜色越深表明相关程度越高。可以明显看到横向序列两两之间的相关性系数均大于 0.7，呈现出强相关性。

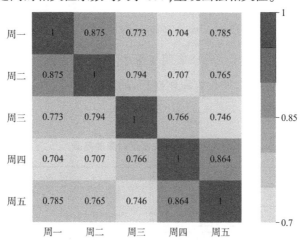

图 3-6 VDS314270 横向序列相关性热力图

同样地,绘制 VDS314270 检测点连续 4 周同一天的速度变化曲线,如图 3-7 所示,观察到同一个检测点的速度序列在不同周的同一工作日呈现出相似的变化规律。

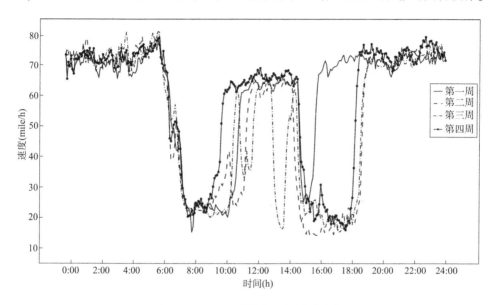

图 3-7 VDS314270 纵向序列速度变化趋势

计算 VDS314270 检测点连续 4 周同一工作日速度数据间的相关性系数,并将其可视化为图 3-8 所示的相关性热力图。热力图的主体部分由 4×4 的深色正方形交错组成,可明显看到纵向序列两两之间的相关性系数均大于 0.5,呈现出较强相关性。

交通路网中的交通情况在不同的时间段内会有所不同,这意味着道路上的交通数据是动态的,随着时间的推移不断变化。事实上,尽管不同的交通参与者可能有不同的出行模式和行为规律,但道路上不同时间段的交通情况也是相关的,前一时间段的交通状况可能会对后续时间段的交通产生影响。为了准确地预测交通,需要挖掘交通数据的时间相关特性,但道路产生的时间序列数据具有动态变化的特点,因此,模型同时还需具备捕捉时间差异性的能力。

二、空间特征分析

道路交通具有非线性的空间关系。一般来说,路网中两条道路的相关性与道路之间的距离密切相关,距离越近的道路相关性越大,但实际中道路之间的空间依赖却更复杂。如图 3-9 所示,对于某道路 A 的交通流来说,与目标预测路段 a 同向的相邻上下游路段 b、c 的交通流速度,由于与 a 欧式距离较近会表现出与 a 段交通流速度有较强的相关性,而同样与 a 具有较近欧氏距离的对向路段 d 上的交通流速度却可能与 a 呈现出弱相关性。此外,道路网络中的一个区域通常通过各种非欧几里得关系与另一个区域存在空间依赖关系,例如空间邻接、兴趣点和语义信息。因此,高效合理地道路空间依赖关系建立模型是交通预测模型搭建过程的重要步骤。

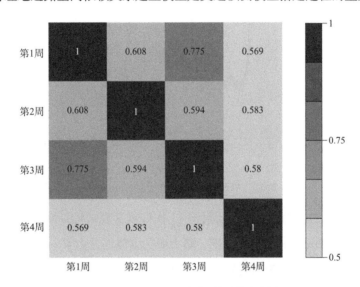

图 3-8　VDS314270 纵向序列相关性热力图

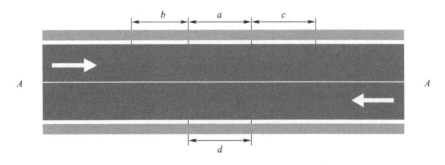

图 3-9　空间位置分布示意图

同样地,为分析交通速度数据的空间特征,随机选取 ID 为 VDS318282(同记为

VDS1)的检测器及其周围欧氏距离最近的 7 个检测器,它们的空间位置分布及速度数据变化曲线如图 3-10、图 3-11 所示。

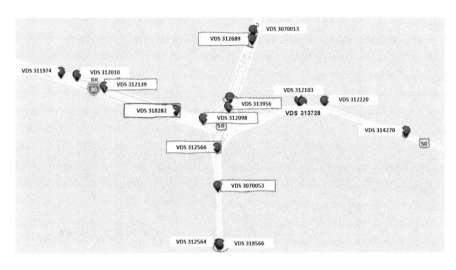

图 3-10　检测器位置分布图

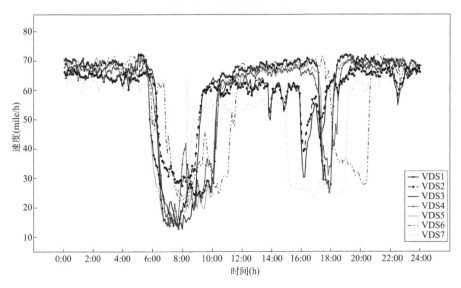

图 3-11　检测器速度数据变化曲线

由图 3-10 可知,路网中相邻的 7 个检测器对应相邻路段的平均速度变化趋势能够保持一致,早、晚高峰出现的位置几乎相同。同样引入皮尔逊相关系数来对空间相关性作进一步分析,结果如图 3-12 所示。

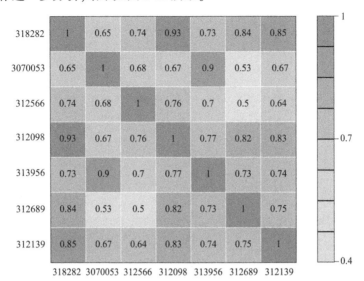

图 3-12 检测器空间相关性热力图

热力图的主体部分由 7×7 的正方形交错组成。从热力值上看,颜色越深表明相关程度越高。可以明显看到大多数邻近检测器之间的相关性系数均大于 0.6,呈现出强相关性。结合检测器位置分布图和检测器空间相关性热力图来看,虽然检测器 VDS312098 与检测器 VDS312566 之间的欧氏距离比 VDS312098 与 VDS312689 之间的欧氏距离近,但是 VDS312098 与 VDS312566 之间的皮尔逊相关性系数却低于 VDS312098 与 VDS312689 之间的皮尔逊相关性系数。这是因为检测器 VDS312566 所位于的道路在检测器 VDS312098 斜对侧,所以它们两者之间欧式距离较近,而检测器 VDS312098 与检测器 VDS312689 的位置分布在同一侧道路的上下游,因此 VDS312098 与 VDS312689 之间的相关性更高,这也验证了路网空间特征的复杂性。

三、外源因素分析

交通路网的状态不仅与道路结构和出行者出行习惯有关,而且受到多种外源因素的影响,包括以下方面。

(1)天气条件:恶劣的天气,如暴雨、大雾、冰雪等,会对交通路网造成影响,导致能见度下降、路面湿滑等情况,增加交通事故的风险,同时也可能影响车辆的行驶速度和路况。

(2)交通事故:交通事故会造成交通拥堵、道路封闭等情况,影响周边道路的通行能力,进而引发连锁反应,导致整体交通路网的拥堵。

(3)节假日:节假日期间人们的出行规律和交通需求会发生变化,可能导致特定时段路网负荷增加。

(4)大型活动:大型活动(如演唱会、体育赛事、展览等)会吸引大量人群聚集,增加周边道路的交通压力。

图3-13展示了本书收集到的在7月4日、7月11日和7月18日连续三个周一的交通速度数据变化曲线,明显能观察到7月4日的速度变化趋势与其他两天不同,这并不符合上文讨论的交通速度纵向序列速度变化特征。原因在于每年的7月4日为美国的独立日假期,人们在节假日的出行习惯与日常工作日不同,这就导致了当天道路速度数据出现"异常"。同样地,如图3-14所示,7月18日3:00至4:00之间道路交通速度数据可能由于一些意外情况出现了异常波动。这些外源因素的干扰会使得交通路网的状态更加复杂,给交通预测研究带来了更多挑战。

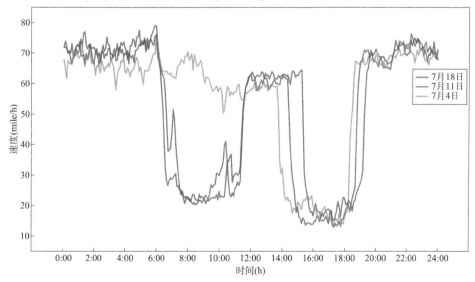

图3-13 节假日情况对交通速度的影响

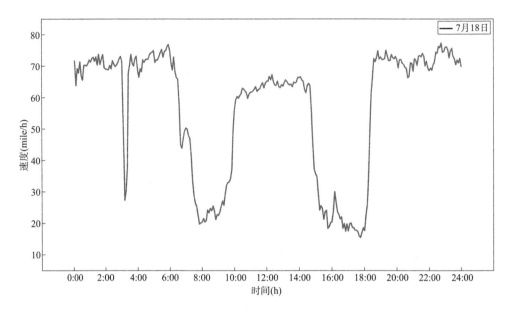

图 3-14　意外情况对交通速度的影响

第四章 基于图卷积网络的交通速度预测模型

由于现实交通网络的高度复杂性,交通速度预测仍具有很大的挑战性。为了更好地学习路网的动态时空特征,提高交通速度预测的精度和计算效率,本章基于第三章研究的路网速度特征,提出一种考虑时空特性来预测路网速度的神经网络模型,模型首先将注意力机制与图卷积网络融合来更加精确地捕捉道路复杂的空间特征,其次又通过一种使用了线性自注意力机制的简化 Transformer 结构来学习速度序列的时间特征,由此来完成对时空依赖性的建模,继而实现对未来交通速度的预测。

第一节 问题定义

交通速度预测是一项通过不同路段检测器的历史交通速度观测值来预测未来交通速度的时空预测任务。交通速度数据在固定的时间被记录,数据对应的位置分布在连续的空间中。

图 4-1 展示了交通速度的观测和预测,其中不同的颜色节点表示不同的位置区域,连接区域不同颜色的线表示随时间演变的交通状态。显而易见的是,对未来交通速度的预测一方面受到历史交通速度数据在时间因素方面观测的影响,另一方面,当前区域的交通速度受到相邻区域在空间因素方面的影响。

在时间层面,本书将交通速度预测问题定义为如式(4-1)所示的过程:

$$v_{t-N+1},\cdots\cdots,v_t \xrightarrow{f(\cdot)} \hat{v}_{t+1},\cdots\cdots,\hat{v}_{t+H} \qquad (4-1)$$

式中，$v_t \in R^n$ 是 n 个路段（检测器）在时间步长 t 的观测向量，交通速度预测模型旨在学习映射关系 $f(\cdot)$，在给定过去 N 个时间步长信息的情况下，预测以后 H 个时间步长内的交通速度。

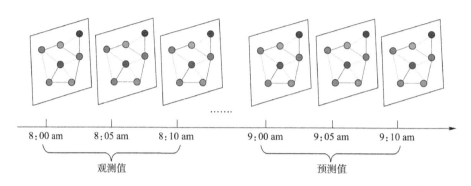

图4-1　交通速度预测问题示意图

在空间层面，将交通网络表示为具有交通时间序列的无向图 $G_t = (V_t, E, W)$，其中 V_t 是节点集，每个节点表示在时间 t 内来自任意检测器的速度观测值，E 是边集，W 是该交通网络图的邻接矩阵。因此，道路图上的交通速度预测问题在时空层面可以表示为式(4-2)：

$$[v_{t-N+1},\cdots\cdots,v_t;E;G] \xrightarrow{f(\cdot)} [\hat{v}_{t+1},\cdots\cdots,\hat{v}_{t+H}] \qquad (4-2)$$

式中各符号含义与式(4-1)中相同。

第二节　模型框架

为了有效地从历史交通流数据中学习动态时空模式，建立了一种融合注意力机制的图卷积网络与简化Transformer结合的交通速度预测模型（Graph Convolutional Network with Attention mechanism and simplified Transformer，GCNATF）。模型整体框架如图 4-2 所示,主要包含用来提取空间特征的融合注意力机制的图卷积网络模块(GCN-Attention)、用来学习时间特征的简化 Transformer 模块以及用于产生速度序列预测值的输出层。

具体来说,图卷积网络模块(GCN-Attention)在图卷积神经网络中融合了注意力机制,该机制使模型能够通过多个独立的注意力块来联合学习空间依赖性,从而有利于模型对空间特征进行动态建模。在简化 Transformer 模块中,为了降低模型计算成本,对传统 Transformer 中的自注意力机制做了线性变换,并将其应用于 Transformer 的 Encoder 部分来提取时间序列特征,最终预测结果由输出层中的全连接层生成。

在 GCNATF 模型中,输入的节点特征向量矩阵和初始邻接矩阵数据首先经过数据处理模块,完成从距离矩阵到初始权重矩阵的转化,接着将数据输入 GCN-Attention 层,GCN-Attention 层利用多头注意力和图卷积操作对输入数据的节点表示进行处理,完成节点特征的动态更新和输出,并使用 dropout 操作防止过拟合现象。GCN-Attention 层的输出数据在经过形状调整之后输入简化 Transformer 层,通过计算每个输入子向量与自身和其他所有子向量的注意力权重系数,以捕捉输入序列内部的依赖关系,并通过残差连接和层归一化避免梯度消失或梯度爆炸,提高模型的泛化能力。最后简化 Transformer 层将经过处理后的信息传入全连接层进行变换并作为预测结果输出。

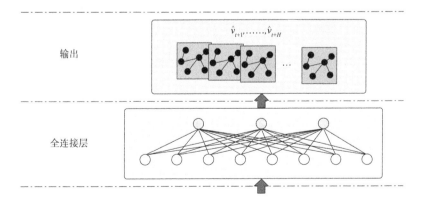

图 4-2

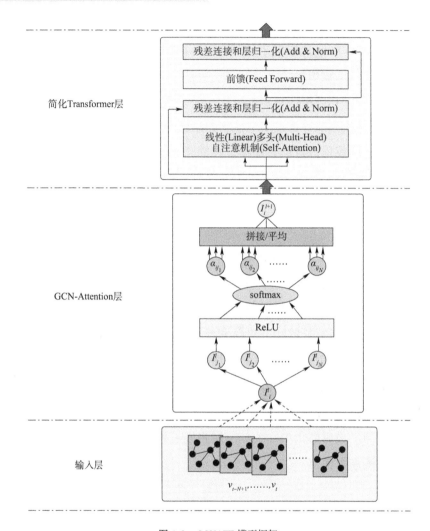

图 4-2 GCNATF 模型框架

第三节 融合注意力机制的图卷积网络

道路交通流速度在不同时间周期上呈现出规律性变化,并且与上游交通流速度存在明显的关联性。为了准确表达交通路网的拓扑结构,通过图结构对现实路网建模。经典的图卷积网络能够有效地将相邻节点的特征聚合到中心节点上,利用图上静止的信息来学习新的节点特征表达,无法动态地学习路网空间特征。另外,在使用 GCN 处理交通数据时,很难找到此类序列数据的适当特征表示,而较弱的特征表示可能导致模型训练结果较差。本节设计的融合注意力机制的图卷积网络则解决了这些问题。

一、特征嵌入

在交通预测任务中,历史观测数据记录通常呈现为时间序列形式,其中包含了关键的交通信息。为了更好地处理这些数据,并提取有意义的特征表示,受到文本处理模型中 Embedding 的启发,将节点(检测器)的历史速度观测数值作为隐藏特征嵌入向量,可以有效定义节点的特征表示,提取数据中的重要特征并减少冗余信息。通过学习到的嵌入向量,模型可以更好地理解数据的特征和模式,从而提高预测准确性和效率。因此,GCN-Attention 模块的输入数据变为:

$$I_T^N = \begin{bmatrix} i_1^1 & i_2^1 & \cdots & i_T^1 \\ i_1^2 & i_2^2 & \cdots & i_T^2 \\ \vdots & \vdots & \ddots & \vdots \\ i_1^N & i_2^N & \cdots & i_T^N \end{bmatrix} \quad (4-3)$$

式中,$i_t = [v_{t-M+1}, v_{t-M+2}, \cdots\cdots, v_t] \in R^M$,$t$ 表示第 t 个时间步,M 表示向量的维度,即历史窗口大小;$I_T^N \in R^{T \times N \times M}$,$T$ 是时间序列的长度,N 是节点数量。

通过将速度数据嵌入向量,GCNATF 模型能够直接利用时间序列数据作为输入,而不必通过序列到序列结构进行序列转换,使模型搭建过程减少了序列编码器与序列解码器的设计,从而使模型在更好学习节点特征的同时,降低了模型的计算成本。

二、GCN-Attention

在 GCN 中,一般通过求相邻节点特征之和来更新节点特征表示,其计算方式如下：

$$I_i^{l+1} = \sigma\left(\sum_{j \in N(i)} \frac{1}{c_{ij}} \mu^l I_j^l\right) \tag{4-4}$$

式中，$N(i)$ 是节点 i 相邻节点的集合，σ 是非线性激活函数，c_{ij} 是基于图结构的标准化常数，l 是当前层，μ^l 是节点特征变换的共享权重矩阵，I_i^{l+1} 是节点 i 更新的隐藏特征。

传统的 GCN 通过固定的邻接矩阵来完成信息更新与传递，为了捕捉路网的动态空间依赖，本书在传统 GCN 中融入多头注意力机制来更新隐藏特征。

注意力机制是一种在人工智能和机器学习领域中常用的技术，它模拟了人类在处理信息时的关注和集中注意力的过程。注意力机制的主要目标是使模型能够更加智能地分配注意力，并且根据输入数据的不同部分调整其关注的程度。其核心思想是根据输入数据的重要性，动态地调整模型对不同部分的关注程度，以实现针对不同任务的个性化处理。其具体计算方式如图 4-3 所示。

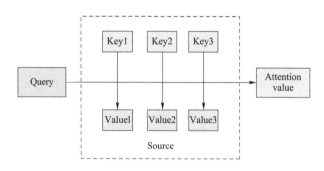

图 4-3　注意力机制的数学表达形式

由图 4-3 可知，注意力模型可以宏观上理解为一个 Query 查询到一系列 Key—Value(键-值)对的映射。将 Source(数据库)中的构成元素假定成是由一系列的 Key—Value 数据对构成，此时给定目标中的某个元素 Query，通过计算 Query 和各个 Key 的相似性或者相关性，得到每个 Key 对应 Value 的权重系数，通过 softmax 归一化后，对权重和相应 Value 进行加权求和，即得到最终的 Attention 数值。所以本质上 Attention 机制是对 Source 中元素的 Value 值进行加权求和，而 Query 和 Key 用来计算对应 Value 的权重系数。

注意力机制允许处理不同大小的输入,依据最相关的部分来进行决策,通常又被分为软注意力和硬注意力。其中软注意力通常表示为 $\alpha_i \in [0,1]^N$,一般通过对注意力分数应用 softmax 函数,使得 $\sum_{i=1}^{N} \alpha_{ij} = 1$。硬注意力系数表示为 $\alpha_i \in \{0,1\}^N$,由于它的离散表示形式,导致其无法使用梯度下降对其进行优化。而多头注意力则是通过多个注意力机制的并行计算实现的,每个注意力头可以计算不同的权重,使得模型能够更全面地理解和利用序列中的信息。相比于单头注意力,多头注意力具有更强的表达能力、更好的稳定性和更好的泛化能力,能够更有效地处理复杂的关联信息并提高模型的性能,所以自注意力机制及其多头注意力版本成为当前序列建模任务中的重要技术手段。因此,本书将多头注意力机制引入 GCN 构成 GCN-Attention 块来提高模型对特征的学习能力,GCN-Attention 块的具体结构如图 4-4 所示。

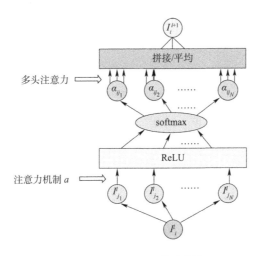

图 4-4　GCN-Attention 块示意图

当将节点特征输入 GCN-Attention 时,首先使用共享权重将输入映射至高维空间来获得高维特征,然后定义一个共享的注意力机制 a 来计算节点及其临近节点之间的注意力系数。之后使用 softmax 和 ReLU 函数对计算出的注意力系数进行归一化处理,获得最终注意力系数 α_{ij},计算方式如式(4-5)所示。

$$\alpha_{ij} = \text{softmax}\{\text{ReLU}[a(\mu I_i^l, \mu I_j^l)]\} \tag{4-5}$$

多头注意力机制使模型能够通过多个子空间来学习注意力系数。当有 K 个独立的注意力机制时，首先将每个注意力头计算产生的特征连接在一起，如式(4-6)所示，其次对连接起来的特征求平均值来获得最终输出，如式(4-7)所示。

$$I_i^{l+1} = \underset{K=1}{\overset{K}{\|}} \sigma \left(\sum_{j \in N(i)} \alpha_{ij}^K \mu^K I_j^l \right) \tag{4-6}$$

$$I_i^{l+1} = \sigma \left(\frac{1}{K} \sum_{K=1}^{K} \sum_{j \in N(i)} \alpha_{ij}^K \mu^K I_j^l \right) \tag{4-7}$$

GCN-Attention 的最后一步是更新节点的隐藏特征，通过将注意力系数邻接矩阵引入基础邻接矩阵的方式来实现对节点空间特征的动态捕捉，注意力系数矩阵是指将之前学习到的注意力系数映射到一个邻接矩阵，如式(4-8)所示。

$$W_A = \begin{bmatrix} \alpha_{11} & \alpha_{12} & \cdots & \alpha_{1N} \\ \alpha_{21} & \alpha_{22} & \cdots & \alpha_{2N} \\ \vdots & \vdots & \ddots & \vdots \\ \alpha_{N1} & \alpha_{N2} & \cdots & \alpha_{NN} \end{bmatrix} \tag{4-8}$$

式中，α 为注意力系数。由于节点空间特征随时间变化，每次计算得到的注意力系数也随着时间变化，对应的注意力系数邻接矩阵也在动态更新，将其记为：

$$W_{A_T} = [W_{A_1}, W_{A_2}, \cdots, W_{A_T}] \tag{4-9}$$

式中，$W_{A_T} \in R^{T \times N \times N}$，$T$ 是时间长度，N 是节点数。

通过这种方式，学习的注意力系数被用于计算更新节点的隐藏特征，模型能关注全局节点动态的信息传递，继而动态地分配不同节点特征的权重，使得远距离节点之间的关系也能够被有效建模，从而提高了模型对整个交通网络的理解能力。

第四节 简化 Transformer 结构

除了空间依赖性之外，交通数据还具有明显的时间依赖性。Transformer 模型的全局特征提取能力和特殊的模型结构使其能够学习到丰富的特征表示，能够从历史交通数据中提取出有用的信息,同时 Transformer 在处理长距离依赖关系上表现出色,因此,它能够满足交通流长短期预测的需求。但完整的 Transformer 模型通常需要大量的计算资源进行训练,特别是对于处理大规模交通数据时,训练过程可能会非常耗时且需要昂贵的硬件支持。针对这个问题,本书采取一种简化的 Transformer 结构来完成对速度序列时间特征的提取。

一、线性自注意力机制

当一种注意力机制被用来处理单个序列不同位置之间的关联问题时,称其为自注意力机制。自注意力机制是 Transformer 的重要组成部分,它允许模型在计算特征表示时将注意力集中在序列中的不同部分,从而更好地捕捉长距离依赖关系。

一般来说,当一个自注意力机制接收到输入 $X \in R^{d_N \times d_F}$ 时,会将其投影到三个特征矩阵中,即在本章第三节第二点中提到的查询 Query、关键字 Key 和值 Value,具体计算公式如下:

$$Q = XW_Q \tag{4-10}$$

$$K = XW_K \tag{4-11}$$

$$V = XW_V \tag{4-12}$$

式中,$W_Q \in R^{d_F \times d_K}$、$W_K \in R^{d_F \times d_K}$ 和 $W_V \in R^{d_F \times d_V}$ 是可学习的投影矩阵。

接着根据式(4-13)计算相似性得分 S,使其变成标准正态分布,并利用 softmax 进行归一化处理。

$$S = \text{softmax}\left(\frac{QK^T}{\sqrt{d}}\right) \tag{4-13}$$

具体地说,第 i 行和第 j 列元素的相似性得分 $S_{(i,j)}$ 如下:

$$S_{(i,j)} = \frac{\sum_{j=1}^{d_K} \exp(Q_{i,j}) \cdot \exp(K_{i,j})}{\sum_{j=1}^{d_K} \exp(Q_{i,j}) \cdot \sum_{i=1}^{d_N} \exp(K_{i,j})} \tag{4-14}$$

在计算完所有相似性得分之后,自注意力层输出 $\text{Attention}(Q,K,V)$,通常被记为 Y,具体计算方式如式(4-15)所示。

$$Y = \text{Attention}(Q, K, V) = SV \tag{4-15}$$

因此,以上传统的自注意机制计算顺序如图 4-5 所示,计算顺序为首先计算 QK^T,然后应用 softmax 函数并计算输出特征 $Y = \text{softmax}\left(\dfrac{QK^T}{\sqrt{d}}\right)V$,因其首先计算元素对之间的相似性得分 $S \in R^{d_N \times d_N}$,这导致了 $O(d_N^2)$ 的内存复杂度和 $O(d_N^2 \cdot d_V)$ 的计算复杂度较高。

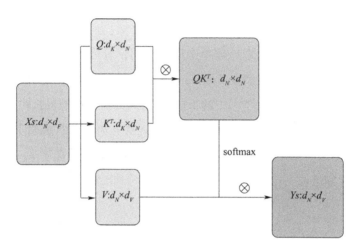

图 4-5　传统自注意力机制的计算顺序

为了减少内存和计算资源的需求,采用一种改进的线性自注意机制方式。其计算顺序如图 4-6 所示。具体来说,首先分别对 Q 和 K 应用 softmax 函数,先计算 $\text{softmax}(K^T)V \in R^{d_K \times d_V}$,然后计算 $\text{softmax}(Q)[\text{softmax}(K^T)V]$,此时内存复杂度为 $O(d_N \cdot d_K + d_K^2)$,计算复杂度为 $O(d_N \cdot d_V^2)$。而在本节的交通速度时间特征提取的任务中,d_K 远小于 d_N,因此,可以通过这种线性自注意机制来改变计算顺序,以达到有效地减少计算资源需求的目的。

二、Transformer Encoder

传统 Transformer 结构的核心部分分为编码部分(Encoder)和解码部分(Decoder),它们的内部模块组成如图 4-7 所示。

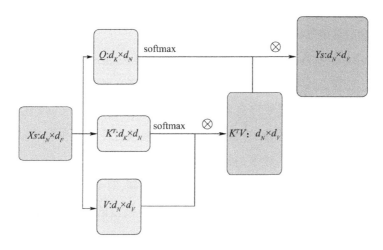

图 4-6　线性自注意力机制的计算顺序

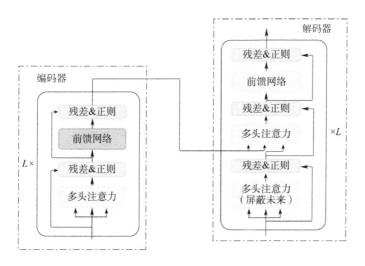

图 4-7　Transformer 编码部分和解码部分

在处理时间序列时，Encoder 首先将输入的序列进行编码以提取关键的时间序列特征，其次通过内部的注意力机制捕捉数据中不同时间步之间的关系，帮助模型理解时间序列中的长程依赖和趋势；接着通过多层前馈神经网络，进一步对输入序列进行非线性变换和特征提取。Decoder 负责根据 Encoder 提取的特征和之前的历史数据，预测时间序列中未来的值。特别地，Decoder 通过编码—解码注意力机制可以对 Encoder 提取的特征进行错误修正,之后经过前馈神经网络做非线性变换为,后续输出奠定基础。

根据 Encoder 和 Decoder 的结构图可以看出,Decoder 的结构更加复杂,导致 Decoder 的计算复杂度要高于 Encoder。考虑到模型在预测时的时间成本,且 Encoder 部分已经可以有效提取序列特征,因此,本书选取 Transformer 的 Encoder 结构来完成对速度序列时间依赖的建模,同时利用线性自注意力机制替换 Transformer Encoder 结构中的传统自注意力机制。随后为了增强模型表达能力和稳定性,在 Transformer Encoder 中采用多头的线性自注意力机制,对每个单独的线性自注意力机制的结果求平均值来作为输出。因此,GCNATF 模型的简化 Transformer 层的最终结构如图 4-8 所示。

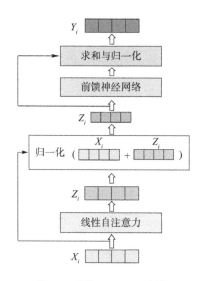

图 4-8 简化 Transformer 结构

具体来说,Encoder 结构在接收输入序列 X 后,根据式(4-10)~式(4-12)计算序列的 Q(query)、K(key)和 V(value),之后根据图 4-6 所示的计算顺序来计算各个注意力系数,最终得到注意力层的输出 Y,并通过残差连接和标准化进行归一化处理后输入前馈神经网络。在前馈神经网络中使数据线性映射并通过激活函数,最终再进行残差操作及归一化处理,得到输出序列 $\tilde{Y}$,具体计算如式(4-16)

所示。

$$Y = \text{ReLU}(Y \times W_1 \times W_2) \tag{4-16}$$

式中，W_1、W_2 为前馈神经网络第一层和第二层的权重参数。

最后将输出序列 Y 传入全连接层进一步处理，并且将处理后的结果作为模型预测值输出。

第五章 实验与结果分析

本章结合前文数据集对建立的交通速度预测模型性能进行分析,首先给出了实验设置,其次介绍了基线模型并进行了不同预测步长的对比实验,并通过讨论分析对比试验的结果证实了所提模型在预测精度、预测周期和预测时间成本三个维度具备优越性,然后设计了一系列消融分析实验,证明了模型各个模块的有效性和可解释性。

第一节 实验设置

一、输入数据设置

使用加州 District 3 的 228 个检测器在 2022 年 7 月 1 日至 2022 年 8 月 31 日期间收集到的数据来构建模型所需数据集,根据第四章第三节提出的特征嵌入机制,将速度数据处理为矩阵。速度数据以 5min 为周期聚合,则每个检测器一天收集到的样本数据有 288 个,又因为该时间段内包含 44 个工作日,所以该矩阵共有 288 × 44 行,检测器数量等于该矩阵的列数,最终得到 12672 × 228 的矩阵,如图 5-1 所示。

速度矩阵被输入之后,由模型中的数据处理模块进行归一化处理来加快模型训练速度。此外本书将数据集按照 60%、20% 和 20% 的比例划分为训练集、验证集和测试集。

	0	1	2	3	4	5	6	7	8	9	...	218	219	220	221	222	223	224	225	226	227
0	71.1	66.0	64.6	65.6	67.1	71.9	68.6	67.7	65.8	40.9	...	69.1	70.9	65.0	64.5	66.6	66.6	65.0	69.3	67.7	68.9
1	68.1	66.8	61.7	66.7	64.5	71.6	72.3	64.9	65.6	40.1	...	70.6	65.4	65.0	64.9	65.1	67.7	65.0	67.7	68.8	68.8
2	68.0	64.3	66.6	68.7	68.1	70.5	70.2	61.7	63.4	39.6	...	72.2	70.5	65.0	64.7	66.7	68.9	65.0	70.2	68.1	68.7
3	68.3	67.8	65.9	66.6	67.9	70.3	69.8	67.6	63.2	37.6	...	71.2	69.7	65.0	65.2	67.2	66.9	65.0	70.4	67.3	69.0
4	68.9	69.5	61.2	67.4	64.0	68.1	67.0	66.7	64.2	36.8	...	71.3	65.8	65.0	66.3	66.7	66.2	65.0	67.4	67.3	68.1
...																					
12667	70.3	65.9	70.2	62.1	66.8	66.0	64.0	64.8	24.6	66.5	...	66.0	55.6	29.9	63.8	64.5	62.8	3.8	70.2	68.1	19.3
12668	69.9	54.0	68.2	62.2	67.4	65.8	64.4	61.3	35.1	69.2	...	66.8	62.8	29.9	62.9	63.0	63.5	68.2	68.3	18.9	
12669	68.9	37.9	68.8	66.3	69.4	66.6	65.0	60.1	38.5	68.7	...	66.4	65.4	29.9	66.3	68.1	62.6	3.5	68.7	67.5	19.7
12670	69.2	37.8	68.7	63.6	68.5	66.2	64.1	60.9	40.5	68.5	...	67.6	68.9	30.2	64.8	68.2	63.1	3.7	67.7	67.4	19.5
12671	68.6	52.9	68.6	65.5	69.3	66.1	64.1	63.5	43.6	58.6	...	66.6	68.3	30.5	64.7	69.1	61.8	4.0	68.1	68.5	19.1

12672 行 × 228 列

图 5-1 速度特征矩阵

对于道路检测器的初始邻接矩阵,本书在数据处理模块中采用阈值高斯核方法生成初始邻接矩阵,并考虑节点自连接。则邻接矩阵 $W = \{w_{ij}\}$ 可表示为:

$$w_{ij} = \begin{cases} 1, i = j \\ 1, i \neq j \text{ 且 } \exp\left(-\dfrac{\text{dist}(v_i, v_j)}{\sigma^2}\right) \geq \varepsilon \\ 0, \text{其他} \end{cases} \quad (5-1)$$

式中,w_{ij} 表示节点 v_i 和节点 v_j 之间的边权重,该权重由它们的欧几里得空间距离 $\text{dist}(v_i, v_j)$ 决定,σ 为标准差,ε 控制图的稀疏程度通常取 0.1。本书将路网建模为无向图,因此初始邻接矩阵中 $w_{ij} = w_{ji}$。

二、实验环境及模型参数

实验环境主要包括服务器的硬件设备、实验测试的软件环境等设置,本书实验测试的硬件设备见表 5-1。

硬件设备　　　　　　　　　　　　　　　表 5-1

名称	型号	名称	型号
CPU	Intel i5-12500	GPU	NVIDIA GeForce RTX 3060
RAM	16G	显存	12G

实验所用软件环境见表 5-2。

软件环境　　　　　　　　　　　　　　　表 5-2

名称	版本	名称	版本
Windows	11	Pytorch	1.12.1
Python	3.9.7	Cuda	11.5.125

实验将历史时间窗口设置为 60min（12 个观测期），预测未来 5min（1 个观测期）、15min（3 个预测期）、30min（6 个观测期）和 60min（12 个观测期）的道路平均交通速度。

基于 Adam 优化器训练模型，使用 MSE 作为损失函数，MSE 也被称为 L2 损失函数，具体计算方式如式(5-2)所示。

$$L(\hat{V}_{t+H};\theta) = \sum_t \| \hat{V}_{t+H} \leftarrow (V_{t-N+1},\cdots\cdots,V_t;\theta) - V_{t+H} \|^2 \quad (5\text{-}2)$$

式中，$\hat{V}_{t+H}$ 和 V_{t+H} 分别表示实际值和预测值，θ 表示模型中的所有可学习参数。

模型学习率被设置为 0.01，权重衰减设置为 0.0001，dropout 为 0.2，batch_size 设置为 50。为了平衡模型性能和计算复杂度，利用网格搜索策略来确定输入向量维度 M、GCN-Attention 中多头注意力头数 H_A 和 Transformer Encoder 中线性多头注意力头数 H_E，具体结果见表 5-3 ~ 表 5-5。

输入向量维度对模型性能的影响　　　　　　　　表 5-3

超参数	RMSE(15min)	超参数	RMSE(15min)
$M=3$	4.20	$M=12$	3.83
$M=6$	4.11	$M=18$	3.80

第五章 实验与结果分析

多头注意力头数对模型性能的影响　　　　　　　　　　　表 5-4

超参数	RMSE(15min)	超参数	RMSE(15min)
$H_A = 2$	4.32	$H_A = 16$	3.71
$H_A = 8$	3.83		

线性多头注意力头数对模型性能的影响　　　　　　　　　表 5-5

超参数	RMSE(15min)	超参数	RMSE(15min)
$H_E = 1$	4.01	$H_E = 12$	3.75
$H_E = 6$	3.83		

由表中数据可知,模型性能随着输入向量维度 M 的增加而变好,同样地,当 GCN-Attention 中多头注意力头数 H_A 变得更多时,模型预测准确率也在提升。同时考虑模型性能与计算成本后确定输入向量维度 M 为 12、GCN-Attention 中多头注意力头数 H_A 为 8、简化 Transformer 中线性多头注意力头数 H_E 为 6。

对于预测模型来说,如果 epoch(表示整个训练集被神经网络完整地遍历一次的过程)数量太少,模型有可能会因为对于数据的学习不够充分发生欠拟合;如果 epoch 数量太多,则有可能发生过拟合。为了确定合适的 epoch 数,记录模型训练过程的 $L2$ 函数变化,如图 5-2 所示,可以明显观察到当 epoch 数趋于 150 时,$L2$ 函数几乎不再变化,因此确定模型 epoch 为 150。

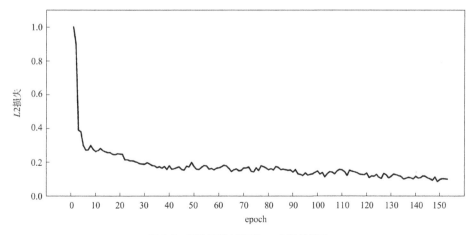

图 5-2　损失函数与训练 epoch 数的关系

第二节　对比实验与结果分析

在确定模型各个超参数之后,得到的模型最终结构为具有 8 个注意力头的单图卷积层和含有 6 个注意力头的 Transformer Encoder 层。最终模型预测结果的拟合情况如图 5-3 ~ 图 5-6 所示。

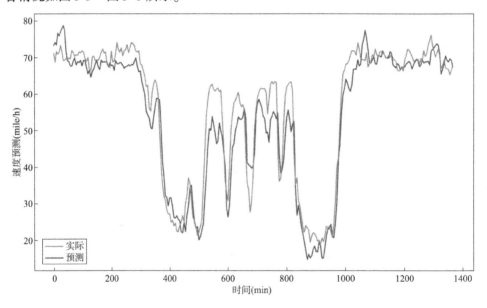

图 5-3　GCNATF 预测结果(5min)

由图可知,得益于 GCN-Attention 块的注意力系数矩阵以及 Transformer Encoder 的全局特征学习机制,GCNATF 模型能够成功地捕捉到序列的波动趋势,即使对于交通速度这种波动性比较大的数据,也具有比较好的拟合效果。随着预测步长的增加,模型拟合的准确率在逐步下降,这可能有两个方面的原因:一方面是交通速度作为时间序列,距离越久远的数据之间的相关性会更低,而且随着预测步长的增加,模型在未来时间点上可用的历史数据变得更少,这会导致模型的训练数据减少,从而降低了模型的准确性;另一方面,模型预测误差也会随着预测步长的增加而累积,从而导致模型预测精度下降。

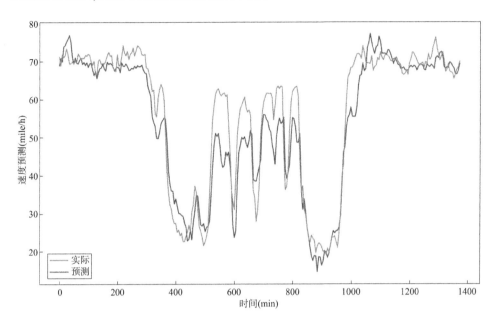

图 5-4 GCNATF 预测结果(15min)

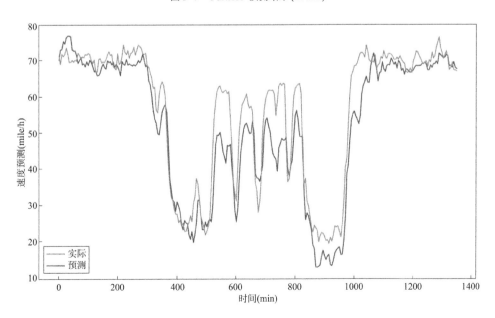

图 5-5 GCNATF 预测结果(30min)

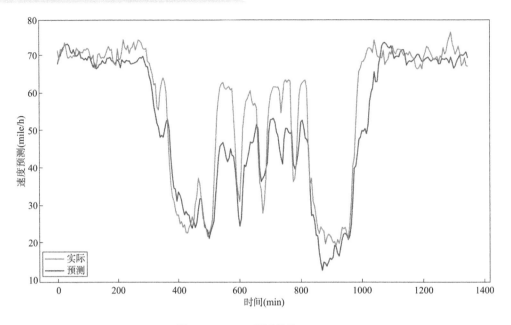

图 5-6　GCNATF 预测结果(60min)

一、基线模型介绍

为了验证模型的优越性,本书将 GCNATF 模型与以下 6 种交通速度预测模型进行了比较。

(1)ARIMA:自回归综合移动平均法,通过拟合观测时间序列的参数模型来预测未来的交通数据。

(2)LSTM:长短期记忆网络,通过学习历史交通数据的时序特征,从而实现对未来交通数据的预测。

(3)Transformer:一种基于注意力机制来关注交通序列特征进而实现预测的模型。

(4)CNN-LSTM:通过利用卷积神经网络和长短期记忆网络来学习路网时空特性来对未来交通进行预测。

(5)STGCN:一种时空图卷积预测模型,使用图卷积和时间卷积来提取路网时空特征来实现对未来的预测。

(6)STAWnet:使用动态图卷积网络学习交通路网中的空间依赖并利用门控TCN(时间卷积网络)对时间依赖建模来完成预测。

二、对比实验结果

表5-6～表5-9详细给出了新建模型(GCNATF)与其他6个基线模型在真实数据集中,针对不同预测周期(5min、15min、30min、60min)进行预测的实验结果。

预测结果对比(5min)　　　　　　　　　　　表5-6

模型	MAE	RMSE	MAPE(%)
ARIMA	6.72	9.39	12.20
LSTM	5.16	7.64	9.71
Transformer	4.43	6.73	7.93
CNN-LSTM	4.33	5.91	7.60
STGCN	3.45	4.34	6.26
STAWnet	2.85	3.76	5.63
GCNATF	**2.02**	**3.01**	**4.65**

预测结果对比(15min)　　　　　　　　　　　表5-7

模型	MAE	RMSE	MAPE(%)
ARIMA	7.58	11.50	13.84
LSTM	5.83	8.65	10.62
Transformer	5.15	7.39	8.86
CNN-LSTM	5.07	6.75	8.65
STGCN	4.03	5.30	7.43
STAWnet	3.61	4.84	6.71
GCNATF	**2.56**	**3.83**	**5.34**

预测结果对比(30min) 表5-8

模型	MAE	RMSE	MAPE(%)
ARIMA	9.64	13.81	16.20
LSTM	7.61	10.63	12.39
Transformer	6.78	8.28	10.31
CNN-LSTM	6.58	8.15	10.25
STGCN	4.83	6.72	8.89
STAWnet	4.21	6.18	8.05
GCNATF	**3.09**	**4.87**	**6.35**

预测结果对比(60min) 表5-9

模型	MAE	RMSE	MAPE(%)
ARIMA	13.02	16.73	20.31
LSTM	10.58	12.91	16.29
Transformer	8.94	9.69	13.25
CNN-LSTM	8.32	10.09	13.81
STGCN	6.43	8.45	12.07
STAWnet	5.88	8.11	11.16
GCNATF	**3.81**	**6.36**	**8.64**

在不同预测周期下,各个评价指标的最优表现在表格中加粗表示,可以看到新提出的 GCNATF 模型在各个预测周期中的表现都优于所选基线模型。

三、结果分析

以预测结果为依据对 GCNATF 模型在三个不同维度的优越性进行讨论分析。

1)预测精度分析

为了更直观地展现对比实验结果,对结果产生的原因进行分析,将各个预测模型的评价指标做可视化处理,结果如图 5-7 ~ 图 5-9 所示。

第五章 实验与结果分析

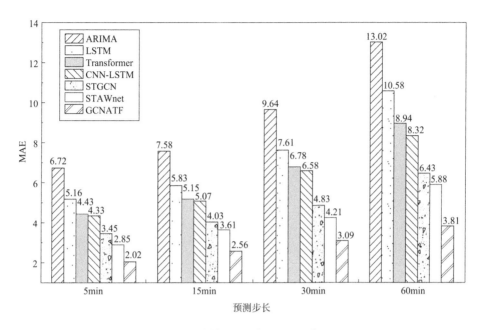

图 5-7 各模型预测结果的 MAE 值

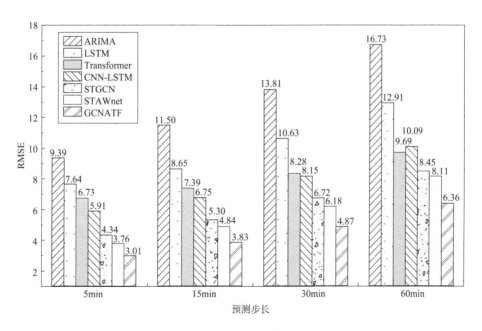

图 5-8 各模型预测结果的 RMSE 值

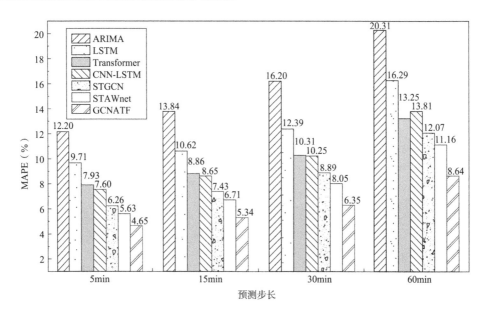

图 5-9 各模型预测结果的 MAPE 值

首先由图 5-7~图 5-9 可以明显看出,新提出的 GCNATF 模型在不同预测步长中都取得了最好的预测效果。而 ARIMA 模型的 MAE、RMSE 和 MAPE 在所有预测步长上都比较大,表明 ARIMA 模型在进行交通速度预测上表现较差,证明了传统统计模型在面对神经网络模型时已失去优势。此外 LSTM 网络和 Transformer 模型只关注到了路网速度的时间特征,因此它们的表现逊色于同时考虑了交通网络时间特征和空间特征的 CNN-LSTM 模型、STGCN 模型、STAWnet 模型和 GCNATF 模型。

其次,在上述几个同时对时空依赖建模的预测模型(CNN-LSTM、STGCN、STAWnet 和 GCNATF)中,CNN-LSTM 模型将路网处理成图像,再将图像划分成网格的形式以便卷积神经网络进行特征提取,这种处理方式破坏了路网的底层结构,而 STGCN 模型、STAWnet 模型和 GCNATF 模型都是通过图结构来定义路网,最大限度保留了路网原始特征,因此比 CNN-LSTM 模型的预测效果更好。

最后,对于 STGCN 模型来说,其图卷积过程是在预设静态图上进行的,而

STAWnet 模型通过自学习节点嵌入来学习优化图结构,从数据中学习路网空间依赖,GCNATF 模型则通过引入注意力系数矩阵来学习路网动态变化的空间相关性,因此 STAWnet 模型和 GCNATF 模型的预测效果优于 STGCN 模型。GCNATF 模型使用的 Transformer Encoder 结构在学习时间特征时可以直接实现全局并行计算,不受序列长度的影响,而 STAWnet 模型中使用的 TCN 需要通过调整卷积核大小或者增加卷积层的方式来处理长程依赖性,存在一定的局限性,因此 GCNATF 模型的预测准确率(MAPE)相较于 STAWnet 模型提高了 17.41%。

2)预测周期分析

在交通预测中,误差可能会随着预测步长的增加而累积。当这种误差不断累积时,可能会导致整体预测结果与实际情况之间的差距进一步扩大。为了证明新建立的 GCNATF 模型在长时间交通预测中同样具有优越性,定义一种预测评价指标误差增量 ΔE_i,其计算方式如式(5-3)所示。

$$\Delta E_i = N_i - M_i \tag{5-3}$$

式中,i 对应各种评价指标,N_i 表示以 N 为预测周期时预测结果评价指标 i 的值,M_i 指以 M 为预测周期时预测结果评价指标 i 的值。当 $N > M$ 时,若 $\Delta E_i > 0$,则证明随着预测周期的增加,模型预测误差也在增加。

为更明确地对比各个模型的预测评价指标误差增量,本节将 7 个模型预测周期 5~15min、15~30min 和 30~60min 的预测误差增量 ΔE_{MAE}、ΔE_{RMSE} 和 ΔE_{MAPE} 进行可视化处理,结果如图 5-10~图 5-12 所示。

根据图 5-10~图 5-12 可以看出,所有 ΔE_i 都大于 0,这说明随着预测周期的增加,各个交通预测模型的预测误差都在增加。一方面是因为在预测未来多个时间步长的交通状态时,模型需要考虑更多的变量和不确定性因素,而这些变量或不确定因素可能会相互影响并放大误差。另一方面则是由于一些预测模型(LSTM、CNN-LSTM)使用了循环神经网络架构,这种递归式网络的每一步预测结果都建立在前一步的预测结果之上,而前一步的预测结果本身可能存在一定的误差。

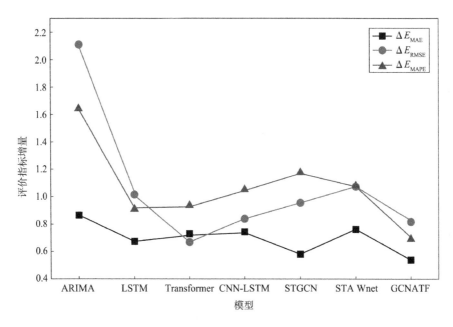

图 5-10 预测周期 5~15min 的预测误差增量

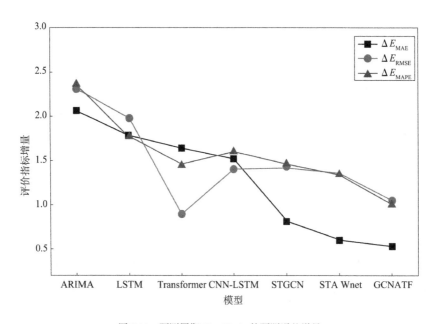

图 5-11 预测周期 15~30min 的预测误差增量

第五章 实验与结果分析

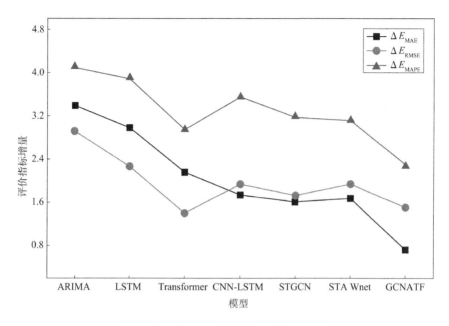

图 5-12 预测周期 30~60min 的预测误差增量

观察图 5-10~图 5-12 可发现,STGCN 和 STAWnet 模型的绝大部分 ΔE_i 都小于 LSTM 和 CNN-LSTM 模型,这是因为 STGCN 和 STAWnet 模型使用了时间卷积网络(TCN)来学习时间依赖性,相较于 LSTM 和 CNN-LSTM 模型中的循环神经网络,TCN 通过增大卷积核的感受野或者堆叠多个卷积层的方式,捕捉长范围的时间依赖关系,而不必按顺序逐步计算,这减小了模型计算过程的累积误差。而得益于 Transformer 结构的全局注意力机制,GCNATF 模型中的简化 Transformer 层可以直接对整个序列进行建模,因此 GCNATF 模型在预测周期 5~15min、15~30min 和 30~60min 的预测误差增量 ΔE_{MAE}、ΔE_{RMSE} 和 ΔE_{MAPE} 都为最小值,这说明虽然 GCNATF 模型也同样具有随着预测周期的增加模型性能下降的特点,但是其模型性能下降幅度是 7 个模型中最小的,证明了 GCNATF 模型即使在面对长期交通预测时也能保证较好的预测性能。

3)预测时间成本分析

在实际交通管理和规划中,对未来交通的准确实时预测至关重要。如果预测时间成本过高,导致预测结果延迟,一方面将会影响用户获取实时交通信息以及即时调整行程的能力,另一方面可能会使得交通管理者无法及时制定交通管控措施,从而影响交通系统的运行效率。为了证明 GCNATF 模型在计算效率上的优越性,在对比实验过程中记录了 7 个模型进行预测步长为 5min 实验时的训练时间,具体见表 5-10。

各个预测模型的时间成本　　　　　　　　　表 5-10

模型	训练时间(s)	模型	训练时间(s)
ARIMA	159.4	STGCN	1113.03
LSTM	319.02	STAWnet	453.3
Transformer	577.63	GCNATF	352.5
CNN-LSTM	975.54		

由表 5-10 可知,基于机器学习和深度学习的预测模型(LSTM、Transformer、CNN-LSTM、STGCN、STAWnet 和 GCNATF)在进行训练时所需时间大于传统统计学习模型 ARIMA。时空组合预测模型(CNN-LSTM、STGCN、STAWnet 和 GCNATF)由于考虑了时空依赖性,计算成本比时间序列预测模型(LSTM 和 Transformer)要高。时间组合预测模型中 GCNATF 模型仅使用了 Transformer Encoder 结构,并对其内部的注意力机制做了线性变换,在保留其时序学习能力的同时最大限度了降低了模型计算复杂度,因此 GCNATF 模型预测效率最高。

第三节　消融实验与结果分析

本节通过设计一系列消融实验来验证本书模型中各个模块的必要性、有效性和可解释性。

一、基础消融实验

基础消融实验通常指通过直接移除对应模块来验证模型性能是否会受到影

响。本书设计如下的基础消融实验。

w/o GCNA:指移除 GCN-Attention 模块,只通过简化 Transformer 模块来进行预测。

w/o TF:指移除简化 Transformer 模块,只通过 GCN-Attention 模块来进行预测。基础消融实验结果(预测步长 5min)见表 5-11。

基础消融实验结果　　　　　　　　　　　　　　　　　表 5-11

模型	MAE	RMSE	MAPE(%)
w/o GCNA	3.12	5.93	6.31
w/o TF	4.08	6.61	7.09
GCNATF	2.02	3.01	4.65

表 5-11 的实验结果揭示了每个模块对 GCNATF 模型性能的重要性。GCN-Attention 模块和简化 Transformer 模块可以分别对空间和时间依赖性进行建模,这对交通预测至关重要,因此在移除任一模块时都会导致模型性能下降。

二、注意力系数矩阵有效性验证

为进一步验证 GCN-Attention 模块的有效性并展示注意力系数矩阵是如何学习空间动态依赖的,本节将 GCNATF 模型的 GCN-Attention 模块替换为传统 GCN 块来构建 GCNTF 模型,并分别进行预测步长 5min 的实验,具体结果见表 5-12。

不同空间特征提取模块实验结果　　　　　　　　　　　　表 5-12

模型	MAE	RMSE	MAPE(%)
GCNTF	2.46	3.62	5.19
GCNATF	2.02	3.01	4.65

表 5-12 的实验结果证明了在空间依赖性建模中引入注意力系数矩阵可以有效学习动态的空间特征,提高模型预测精度。

为了展示注意力系数矩阵在模型中是如何起到作用的,将 GCN-Attention 模块学习到的注意力系数矩阵可视化为图 5-13 以显示它的有效性与可解释性。

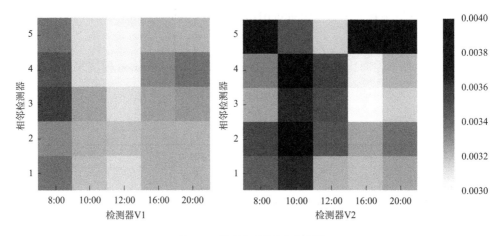

图 5-13　注意力系数变化热力图

图 5-13 分别显示了从本书数据集中随机采样的 2 个检测器及其任意 5 个邻居（所选检测器位于不同路段）的学习注意力系数。在该图中，注意力系数的值可以被视为任意两个路段的相关性。可以观察到，不同邻近检测器的注意力系数不同，这表明一个路段与其多个相邻路段之间的相关性存在差异。例如，检测器 V2 与其相邻的 5 号检测器之间的注意力系数相对较大，因为这两个站点位于同一条道路的不同路段。而检测器 V1 与其相邻的 2 号检测器的注意力系数却较小，这是因为它们虽然具有较近的空间距离，却位于不同的道路上。此外，观察图 5-13 可以发现，GCNATF 模型所学习的注意力系数不是固定的，而是随时间变化的，例如检测器 V1 在早上 8:00 与相邻检测器的注意力系数明显大于其他时间。这表示 GCNATF 模型能够提取路网的动态空间相关性，并证明了 GCNATF 模型具有较强的可解释性。

三、线性自注意力有效性验证

GCNATF 模型采用了简化的 Transformer 结构，即 Transformer Encoder 块来捕捉时间特征，并将其中的自注意力机制做了线性变换以节省计算资源。在前文中已经证实了 GCNATF 模型所需训练时间和预测时间都少于其他基线模型。为了证明 GCNATF 模型在预测时间成本上的优越性是因为其应用了包含线性自注意力机制的 Transformer Encoder 块带来的,本节首先将 GCNATF 模型中的 Transformer Encoder 结构替换为完整的 Transformer 结构构建 GCNA-TF 模型,其次将 GCNATF 模型中 Transformer Encoder 块的线性自注意力机制替换为传统自注意力机制,构建了 GCNATF-T 模型,之后分别进行预测步长为 5min 的实验,结果如图 5-14 所示。

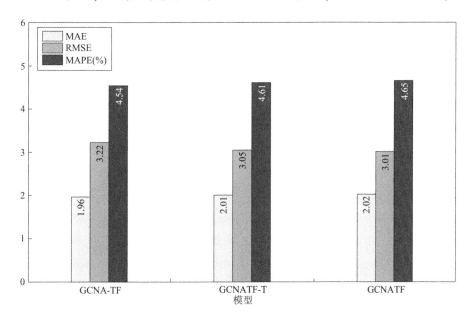

图 5-14　不同时间特征提取模块实验结果

GCNA-TF 模型、GCNATF-T 模型和 GCNATF 模型所花费的训练时间见表 5-13。

不同时间特征提取模块实验时间　　表 5-13

模型	训练时间(s)
GCNA-TF	619.84
GCNATF-T	411.74
GCNATF	352.5

由本节的实验结果可得,与 GCNA-TF 模型相比,GCNATF 模型只采用了 Transformer Encoder 结构,因此后者在训练过程中花费的时间与前者相比降低了 43.13%。这证明了仅使用 Transformer Encoder 结构可以大量降低模型计算成本。

综合图 5-14 与表 5-13 的结果,虽然采用简化的 Transformer 结构使模型预测的准确率(MAPE)下降了 2.42%,但通过牺牲极小的准确率来换取模型预测时间大幅减少的做法被认为是值得的,这会使得模型具有更好的实用性。

与 GCNATF-T 模型相比,GCNATF 模型中的简化 Transformer 层采用了线性自注意力机制,通过交换计算顺序,使模型训练时间下降了 14.39%,这也证明了线性自注意力机制的有效性。

参 考 文 献

[1] 高德地图.2023年度中国主要城市交通分析报告[R].高德地图,2024.

[2] 王竟成,张勇,胡永利.基于图卷积网络的交通预测综述[J].北京工业大学学报,2021,47:954-970.

[3] 郭敏,肖翔,蓝金辉.道路交通流短时预测方法综述[J].自动化技术与应用,2009,28(6):8-9.

[4] Ahmed M S,Cook A R. Analysis of Freeway Traffic Time-series Data by Using Box jenkins Techniques[J]. Transportation Research Record,1979,773:1-9.

[5] Ding Q,Xi F,Xiu Y,et al. Forecasting Traffic Volume with Space-Time ARIMA Model[J]. Advanced Materials Research,2010,156-157:979-983.

[6] B. M. Williams,L. A. Hoel. Modeling and Forecasting Vehicular Traffic Flow as a Seasonal ARIMA Process:Theoretical basis and empirical results[J]. Journal of Transportation Engineering,2003,129(6):664-672.

[7] 王晓全,邵春福,尹超英,等.基于ARIMA-GARCH-M模型的短时交通流预测方法[J].北京交通大学学报,2018,42(4):79-84.

[8] 杨兆升,朱中.基于卡尔曼滤波理论的交通流量实时预测模型[J].中国公路学报,1999,3:63-67.

[9] 杨高飞,徐睿,秦鸣,等.基于ARMA和卡尔曼滤波的短时交通预测[J].郑州大学学报:工学版,2017,38(2):5.

[10] 周晓,唐宇舟,刘强.基于卡尔曼滤波的道路平均速度预测模型研究[J].浙江工业大学学报,2020,48(4):392-396,404.

[11] 宋驰,沈国江.短时交通流预测模型综述[J].自动化博览,2012,29(6):84-87.

[12] Nair A S,Liu J C,Rilett L,et al. Non-linear analysis of traffic flow[C]//IEEE

Conference on Intelligent Transportation Systems. Oakland：IEEE,2001：681-685.

[13] 臧利林,贾磊,杨立才,等.交通流实时预测的混沌时间序列模型[J].中国公路学报,2007(6)：95-99.

[14] 李存军,杨儒贵,张家树.基于小波分析的交通流量预测方法[J].计算机应用,2003(12)：7-8.

[15] 张阳,杨书敏,辛东嵘.改进小波包与长短时记忆组合模型的短时交通流预测[J].交通运输系统工程与信息,2020,20(2)：7.

[16] SINGH G,AL'AREF SJ,VAN ASSEN M,et al. Machine learning in cardiac CT：basic concepts and contemporary data[J]. Cardiovasc Comput Tomogr,2018,12(3)：192-201.

[17] AHSAN M M,LUNA S A,SIDDIQUE Z. Machine-learning-based disease diagnosis：a comprehensive review[J]. Healthcare,2022,10(3)：541.

[18] SMITH B L,DEMETSKY M J. Short-term traffic flow prediction：neural network approach[J]. Transportation Research Record Journal of the Transportation Research Board,1994,1453(1453)：98-104.

[19] 焦朋朋,安玉,白紫秀,等.基于XGBoost的短时交通流预测研究[J].重庆交通大学学报(自然科学版),2022,41(8)：17-23+66.

[20] 李翠,黄侃,李霞.基于K近邻与主成分分析的短时交通流预测[J].公路交通技术,2022,38(3)：138-144.

[21] ZHU Y,HUANG C,Wang Y,et al. Application of Bionic Algorithm Based on CS-SVR and BA-SVR in Short-term Traffic State Prediction Modeling of Urban Road[J]. International Journal of AutomotiveTechnology,2022,23(4)：1141-1151.

[22] Wu X,Fu S,He Z. Research on Short-Term Traffic Flow Combination Prediction Based on CEEMDAN and Machine Learning[J]. Applied Sciences,2022,13(1)：308.

[23] Castro M,Jeong Y S,Jeong M K. Online-SVR for Short-term Traffic Flow prediction Under Typical and A Typical Traffic Conditions[J]. Expert System Applica-

tion,2009,36(3):6164-6173.

[24] 樊娜,赵祥模,戴明,等. 短时交通流预测模型[J]. 交通运输工程学报,2012, 12(4):114-119.

[25] 张文胜,郝孜奇,朱冀军,等. 基于改进灰狼算法优化 BP 神经网络的短时交通流预测模型[J]. 交通运输系统工程与信息,2020,20(2):196-203.

[26] Apaydin H,Feizi H,Sattari M T,et al. Comparative analysis of recurrent neural network architectures for reservoir infow forecasting[J]. Water,2020,12(5):1500.

[27] Ma X,Tao Z,Wang Y,et al. Long short-term memory neural network for traffic speed prediction using remote microwave sensor data[J]. Transportation Research Part C:Emerging Technologies,2015,54:187-197.

[28] Zhao Z,Chen W,Wu X,et al. LSTM network:a deep learning approach for short-term traffic forecast[J]. IET Intell. Transp. Syst. ,2017,11(2):68-75.

[29] Bharti,Poonam R,Kranti K. Short-term traffic flow prediction based on optimized deep learning neural network:PSO-Bi-LSTM[J]. Physica A:Statistical Mechanics and its Applications,2023,625:129001.

[30] Liu C. Short-term Traffic Flow Prediction Based On LSTM and Its Variants[J]. Transport Energy Conservation & Environmental Protection,2022,18(4):99-105.

[31] Xue X,Jia X,Wang Y,et al. Expressway Traffic Flow Prediction Model Based on Bi-LSTM Neural Networks[J]. IOP Conference Series:Earth and Environmental Science,2020,587(1):12007.

[32] 李桃迎,王婷,张羽琪. 考虑多特征的高速公路交通流预测模型[J]. 交通运输系统工程与信息,2021,21(3):101-111.

[33] Ma X L,Dai Z,He Z,et al. Learning Traffic as Images:A Deep Convolutional Neural Network for Large-Scale Transportation Network Speed Prediction[J]. Sensors,2017,17(4):818.

[34] 赵宏,翟冬梅,石朝辉. 短时交通流预测模型综述[J]. 都市快轨交通,2019,32

(4):50-54.

[35] 潘伟靖,陈德旺.基于GRU-SVR的短时交通流量预测研究[J].计算机技术与发展,2019,29(10):11-14.

[36] Zhang J, Zheng Y, Qi D. Deep spatio-temporal residual networks for citywide crowd flows prediction[C]//Proceedings of the 31st AAAI, Conference on Artificial Intelligence. San Francisco:AAAI,2017:1655-1661.

[37] 邱敦国,杨红雨.一种基于双周期时间序列的短时交通流预测算法[J].四川大学学报(工程科学版),2013,5(5):64-68.

[38] 彭博,唐聚,蔡晓禹,等.基于3DCNN-DNN的高空视频交通状态预测[J].交通运输系统工程与信息,2020,20(3):39-46.

[39] 王海起,王志海,李留珂.基于网格划分的城市短时交通流量时空预测模型[J].计算机应用,2022,42(7):2274-80.

[40] Yu B, Yin H T, Zhu Z X. Spatio-temporal graph convolutional networks:a deep learning framework for traffic forecasting[C]//In Proceedings of the 27th International Joint Conference on Artificial Intelligence(IJCAI'18),2018:3634-3640.

[41] Cai B, Wang Y, Huang C, et al. GLSNN Network:A Multi-Scale Spatiotemporal Prediction Model for Urban Traffic Flow[J]. Sensors,2022,22:8880.

[42] 尹宝才,王竟成,张勇,等.基于谱域超图卷积网络的交通流预测模型[J].北京工业大学学报,2024,50(2):152-164.

[43] 户佐安,邓锦程,韩金丽,等.图神经网络在交通预测中的应用综述[J].交通运输工程学报,2023,23(5):39-61.

[44] Zhang C, J. J. Q. Yu, Liu Y. Spatial-Temporal Graph Attention Networks:A Deep Learning Approach for Traffic Forecasting[J]. IEEE Access,2019(7):166246-166256.

[45] Guo K, Hu Y L, Qian Z, et al. Optimized graph convolution recurrent neural network for traffic prediction[J]. IEEE Transactions on Intelligent Transportation Systems,2021,22(2):1138-1149.

[46] Tian C, Chan W K (V). Spatial-temporal attention wavenet: A deep learning framework for traffic prediction considering spatial-temporal dependencies[J]. IET Intell Transp Syst. ,2021,15:549-561.

[47] Guo S, Lin Y, Feng N, et al. Attention based spatial-temporal graph convolutional networks for traffic flow forecasting[C]//In Proceedings of the Thirty-Third AAAI Conference on Artificial Intelligence and Thirty-First Innovative Applications of Artificial Intelligence Conference and Ninth AAAI Symposium on Educational Advances in Artificial Intelligence,2019,114:922-929.

[48] Diao Z L, Wang X, Zhang D F, et al. Dynamic spatial-temporal graph convolutional neural networks for traffic forecasting[C]// In Proceedings of the Thirty-Third AAAI Conference on Artificial Intelligence and Thirty-First Innovative Applications of Artificial Intelligence Conference and Ninth AAAI Symposium on Educational Advances in Artificial Intelligence,2019,110:890-897.

[49] Wei L, Yu Z, Jin Z, et al. Dual graph for traffic forecasting[J]. IEEE Access,2019 (99):1.

[50] Zhao L, Song Y, Zhang C, et al. T-GCN: a temporal graph convolutional network for traffic prediction[J]. IEEE Transactions on Intelligent Transportation Systems, 2020,21(9):3848-3858.

[51] Vaswani, Ashish, Shazeer, et al. Attention is All You Need[C]//Advances in Neural Information Processing Systems,2021,201:5998-6008.

[52] Cai L, Krzysztof J, Mai G, et al. Traffic transformer: Capturing the continuity and periodicity of time series for traffic forecasting[J]. Transactions in GIS, 2020 (24):736-755.

[53] Aosong F, Leandros T. Adaptive Graph Spatial-Temporal Transformer Network for Traffic Forecasting[C]// Proceedings of the 31st ACM International Conference on Information & Knowledge Management,2022:3933-3937.

[54] Li Z, Xiong G, Tian Y. A multi-stream feature fusion approach for traffic prediction

[J]. IEEE Transactions on Intelligent Transportation Systems,2020,23(2):1456-1466.

[55] 包银鑫,曹阳,施佺.基于改进时空残差卷积神经网络的城市路网短时交通流预测[J].计算机应用,2022,42(1):258-264.

[56] Li F,Feng J,Yan H. Dynamic graph convolutional recurrent network for traffic prediction:Benchmark and solution[J]. ACM Transactions on Knowledge Discovery from Data,2023,17(1):1-21.

[57] 贺文武,裴博彧,李雅婷,等.基于双向自适应门控图卷积网络的交通流预测[J].交通运输系统工程与信息,2023,23(1):187-197.

[58] Wang Y,Fang S,Zhang C,et al. TVGCN:Time-variant graph convolutional network for traffic forecasting[J]. Neurocomputing,2022,471:118-129.

[59] Zhang Y,Li Y,Zhou X,et al. Urban traffic dynamics prediction—a continuous spatial-temporal meta learning approach[J]. ACM Transactions on Intelligent Systems and Technology(TIST),2022,13(2):1-19.

[60] 胡志远.基于动态时空图神经网络的长短期交通流预测研究[D].福州:福建工程学院,2022.

[61] Wang Y,Zhang D,Liu Y,et al. Enhancing transportation systems via deep learning:A survey[J]. Transportation Research Part C:Emerging Technologies,2019,99:144-163.

[62] Sun Y,Jiang X,Hu Y,et al. Dual dynamic spatial-temporal graph convolution network for traffic prediction[J]. IEEE Transactions on Intelligent Transportation Systems,2022,23(12):23680-23693.

[63] Feng L,Chen J,Fu X. Deep attentional convolutional neural networks for very short-term traffic flow forecasting[J]. Transportation Research Part C:Emerging Technologies,2021,124:103122.

[64] Zhang H,Zou Y,Yang X,et al. A temporal fusion transformer for short-term freeway traffic speed multistep prediction[J]. Neurocomputing,2022,500:329-340.

[65] Negin A, Hadi M. A Data-Driven Multi-Fidelity Approach for Traffic State Estimation Using Data From Multiple Sources[J]. IEEE Access, 2021, 9:78128-78137.

[66] Gao Y, Zhou C, Rong J, et al. Short-Term Traffic Speed Forecasting Using a Deep Learning Method Based on Multitemporal Traffic Flow Volume[J]. IEEE Access, 2022, 10:82384-82395.

[67] Wu Z, Pan S, Chen F, et al. A Comprehensive Survey on Graph Neural Networks[J]. IEEE Transactions on Neural Networks and Learning Systems, 2021, 32(1): 4-24.

[68] Li W, Wang X, Zhang Y, et al. Traffic flow prediction over muti-sensor data correlation with graph convolution network[J]. Neurocomputing, 2021, 427:50-63.

[69] Guo K, Hu Y, Qian Z, et al. Dynamic graph convolution network for traffic forecasting based on latent network of laplace matrix estimation[J]. IEEE Transactions on Intelligent Transportation Systems, 2020, 23(2):1009-1018.

[70] 姚俊峰,何瑞,史童童,等.基于机器学习的交通流预测方法综述[J].交通运输工程学报,2023,23(3):44-67.